「ヘアゴム」だけ!

女の子のヘアアレンジ

ヘア&メイクアップアーティスト
KOMAKI

ゴムとリボンで差がつく
アレンジ35

X-Knowledge

ヘアピン要らず

使うのは「ヘアゴム」だけ！

子供の髪型を可愛くしたいけれど
「不器用で上手くできない」
「難しそうだし、手間がかかりそう」
そんな風に思っていませんか？
この本では、**特別な道具は必要なし！**
ヘアピンを使わず「ヘアゴム」だけでできます。

ヘアゴムは100円ショップなどで手に入るもので十分です。
ケガなどの予防からヘアピンを禁止している保育園や幼稚園もありますが、「ヘアゴム」だけでできるため普段の通園、通学の髪型にもおすすめです。

ヘアゴム以外の
道具はこれだけ

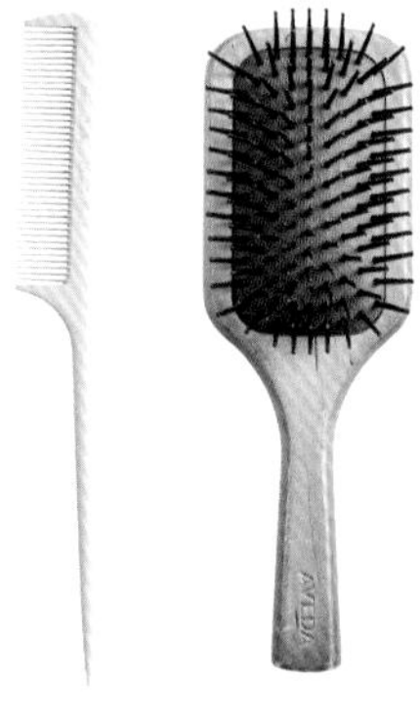

Uピン、アメピンは不要！

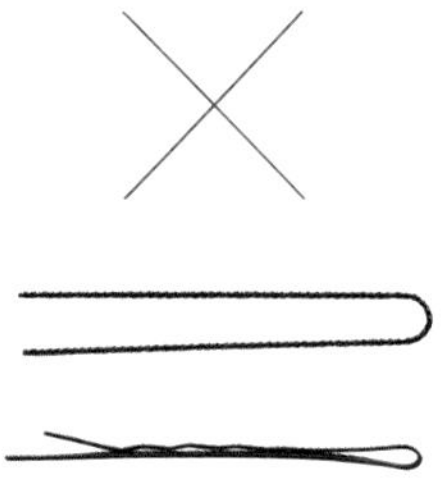

コーム、ブラシ

100円ショップでも手に入るコームで、髪をとかすほか、分け目をつくります。これだけでも大丈夫ですが、毛量が多い場合はブラシがあれば、絡まった髪を一気にとかすことかできます。

このほかにクセを直す霧吹きやまとめやすくなるスタイリング剤も紹介しています。
▷ **p.7** ヘアアレンジの前に 1「髪のとかし方」

使用するヘアゴムの種類

※本書ではすべて「ヘアゴム」と表記

リングゴム

直径 4.5cm 程度

リングゴム・ミニ

直径 3cm 程度

シリコンゴム

直径 2cm 程度

まとめる毛髪の量で使い分けましょう。すべて 100円ショップで手に入ります。

リングゴム
毛量の多い髪向き。丈夫でズレにくく、まとまりやすい。ナイロンなどの布製でミニサイズもあり、基本的にすべての髪型で使えます。

シリコンゴム
毛量の少ない髪向き。目立たないので飾りゴムとの重ねづけにもおすすめ。リーズナブルな分、耐久性は低く、外す際に毛が絡まりやすいものもあります。

！シリコンゴムは、誤飲防止のため禁止している保育園や幼稚園もあるので注意。

不器用なお母さんでも「ヘアゴム」だけでいろいろできる！

忙しい時の簡単ヘアから普段の髪型、
そして誕生日など特別な日のアレンジまで。
全部「ヘアゴム」だけでできます。

お団子ヘアも
ゴムだけで！

ゴムにプラス！髪を飾るアイディアも

カラーゴムを使ってアクセントに

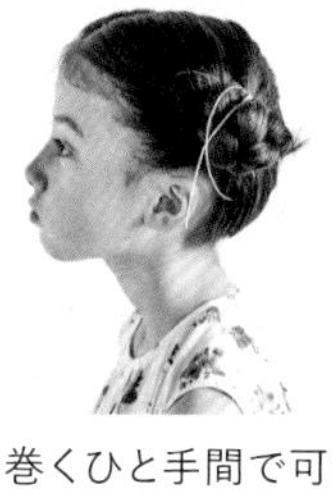

ひもを巻くひと手間で可愛く

リボンを結んで特別感を演出

本書の見方

難易度について

ヘアアレンジの難易度（ ～ ）を目安に、章ごとにまとめて掲載しています。
はじめての人は、ページ順にチャレンジしましょう。

Introduction/Step1 難易度 ～ ▶ **Step 2** 難易度 ▶ **Step 3** 難易度 ～

アレンジの説明について

ボブ
ミディアム
ロング

時間
作業時間の目安です。
髪をとかした後の
アレンジにかかる時間です。

髪の長さ
アレンジに適した髪の長さを**太字**で表しています。
「ボブ」はアゴくらい、「ミディアム」は肩くらい、
「ロング」は肩より下の長さです。

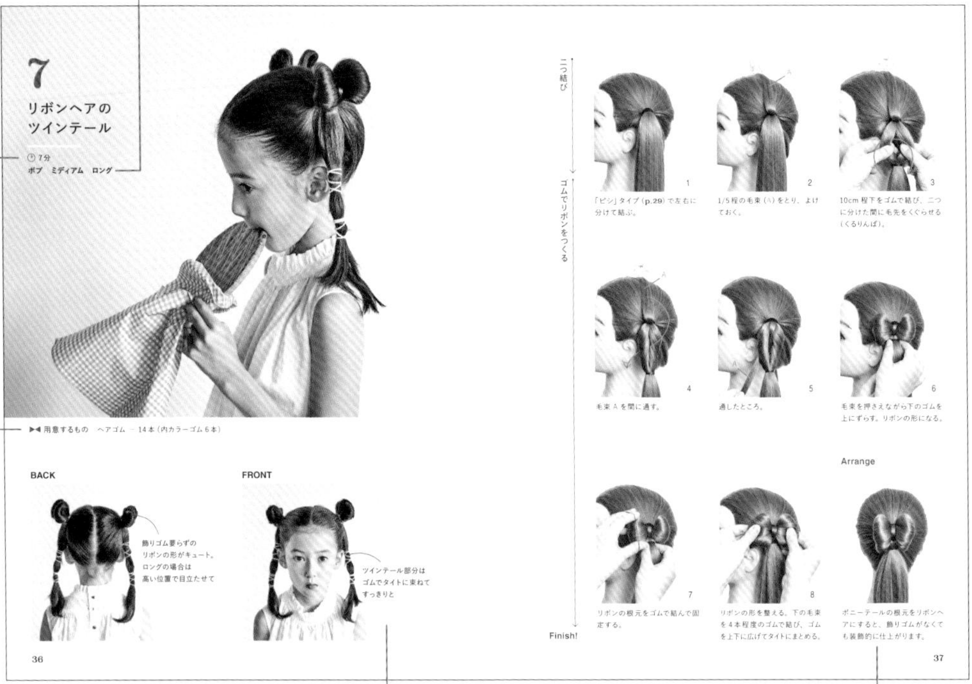
7
リボンヘアの
ツインテール
7分
ボブ　ミディアム　ロング
用意するもの　ヘアゴム － 14本（内カラーゴム6本）
BACK
飾りゴム要らずの
リボンの形がキュート。
ロングの場合は
高い位置で目立たせて
FRONT
ツインテール部分は
ゴムでタイトに束ねて
すっきりと
36
二つ結び
ゴムでリボンをつくる
1
「ピシ」タイプ（p.29）で左右に分けて結ぶ。
2
1/5程の毛束（A）をとり、よけておく。
3
10cm程下をゴムで結び、二つに分けた間に毛先をくぐらせる（くるりんぱ）。
4
毛束Aを間に通す。
5
通したところ。
6
毛束を押さえながら下のゴムを上にずらす。リボンの形になる。
Arrange
7
リボンの根元をゴムで結んで固定する。
8
リボンの形を整える。下の毛束を4本程度のゴムで結び、ゴムを上下に広げてタイトにまとめる。
ポニーテールの根元をリボンヘアにすると、飾りゴムがなくても装飾的に仕上がります。
Finish!
37

髪留めの種類と本数
写真のアレンジで使用したヘアゴムやリボンなどの本数です。髪の長さによって、必要な本数が変わる場合があります。また、装いや好みに合わせて、ゴムや飾りの種類を変えてみるとよいでしょう。

アレンジのポイント
アドバイスや可愛く見えるポイントです。写真を参考にしつつ、結ぶ位置や高さは、子どもの髪の長さや好みに合わせて変えましょう。

説明
数字の順に写真を見ながら作業しましょう。

こんなときは？ アドバイス

Q. 子どもが大人しくしてくれません。
A. じっとしているのが苦手な子どもの場合、作業中はテレビやタブレットなどで動画を見せたり、ゲームをさせるのがおすすめです。また、時間の目安を参考に、短時間でできるものからはじめてみましょう。

Q. 切れ毛が多くてきれいに見えません。
A. 7ページで紹介したように、市販のスタイリング剤をあらかじめスプレーすると、短い毛が収まりやすくなります。スタイリング剤はイベントなどの際にも使うと、髪型が崩れにくく長持ちします。

Contents

Introduction 6

Step 1

結ぶだけ！ 編まずにできるアレンジ　26

Break Time

Step 2

三つ編みをプラス！ ガーリーアレンジ　54

Step 3

特別な日に！ 編み込みやミックスアレンジ　74

ヘアアレンジをはじめる前に
押さえておきたいコツや、
すべてのアレンジの基礎となる
テクニックを紹介します。
まずは髪をとかすところから
スタートしましょう。

Introduction

ヘアアレンジの前に 1

髪のとかし方

Check!

ブラッシング後

アレンジを左右するのは
毛の流れの美しさ。
やり直しや失敗も減ります。

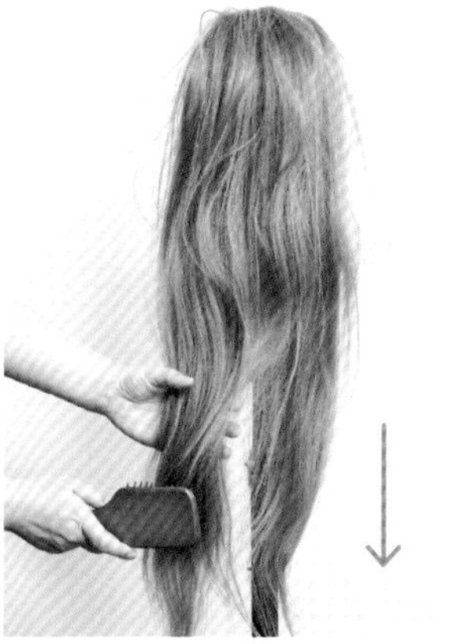

1

クセがひどい場合は、霧吹きで軽くしめらせ、毛先からブラシでとかす。手で持った毛束ごとにとかす。

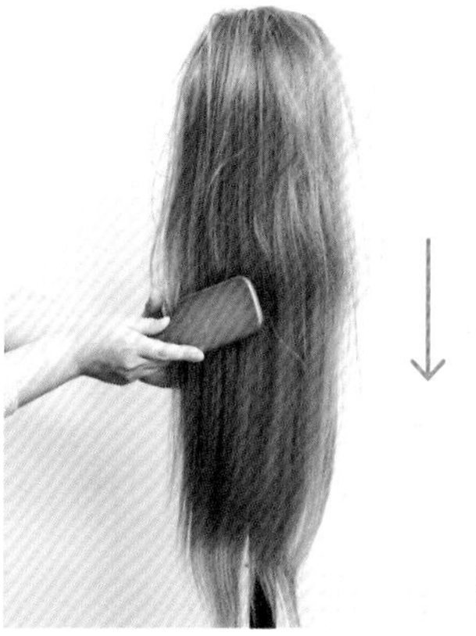

2

同様にして、中間部分をとかす。

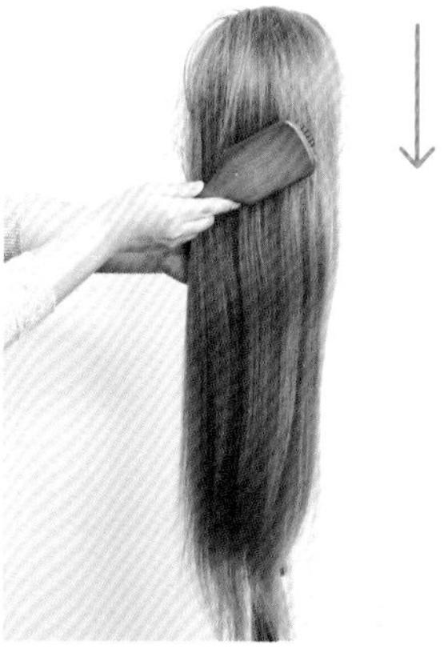

3

頭部をとかす。

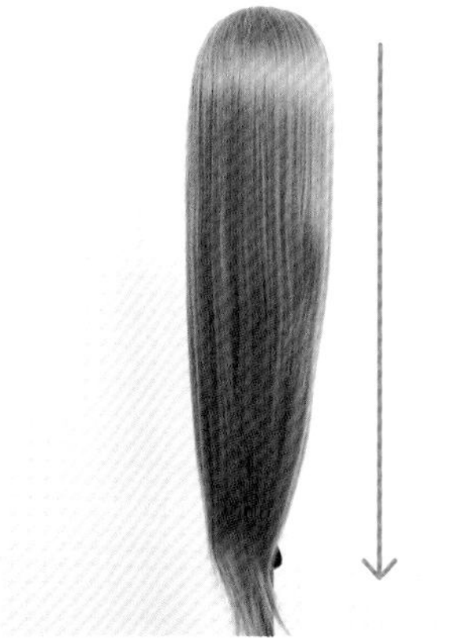

4

頭部から毛先まで、全体をとかす。

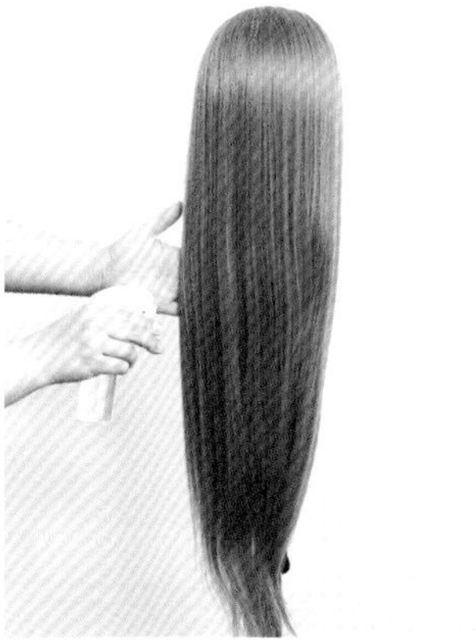

5

仕上げに霧吹きで全体を軽くしめらせると、アレンジがしやすくなる。霧吹きの代わりにヘアスタイリング剤を吹きかけると、セットがより長持ちしやすい。

下準備のお助けアイテム

霧吹き　　スタイリング剤

霧吹きは、100均でも手に入るスプレーボトルに水を入れて用意しましょう。髪をまんべんなくしめらせ、整えやすくします。これだけでもよいですが、市販のスタイリング剤（写真はマトメージュ まとめ髪アレンジウォーター／ウテナ）を仕上げに使うと、切れ毛などが飛び出しにくくなるほか、崩れにくくなります。

ヘアアレンジの前に 2

前髪のあしらい

前髪を下ろす場合

まとめて一緒に結べない長さの場合、前髪にも気を配ると可愛らしさがアップ。

前髪のチグハグ感は
ワンカールで解決！

前髪がある場合、髪型によってはチグハグな印象になることも。そんな時は前髪を整えてみて。先に少し遠めから霧吹きした前髪をカーラーで巻いてからヘアアレンジし、自然乾燥かドライヤーで乾かした後外します。

アップにする場合

短い前髪も長い前髪にもできる二つの方法を紹介。ヘアアレンジする時間がない―そんな時も、この「前髪を上げるアレンジ」だけですませるのもおすすめです。

Check!

この三角のゾーンだけアップします

おでこの端から端までだと、おでこの形がきれいに見えないので注意。鼻の延長線上と黒目の端の三角でとります。

ピンでアップ

装飾的なパッチンピン(▷**p.25**)でとめれば、これだけで可愛くなります。

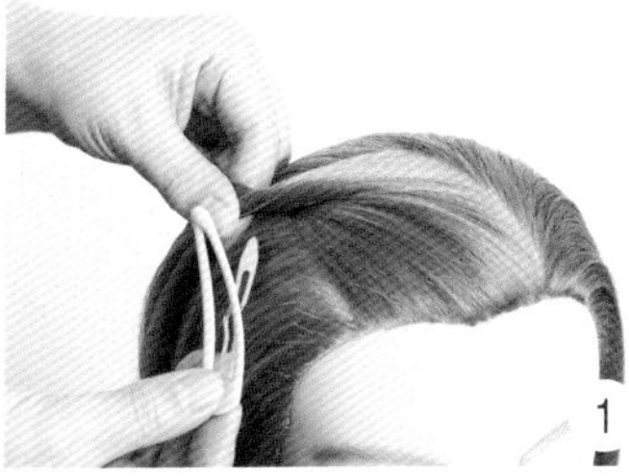

三角ゾーンの束をサイドに倒してひとねじりし、ねじった部分の下をとめる。

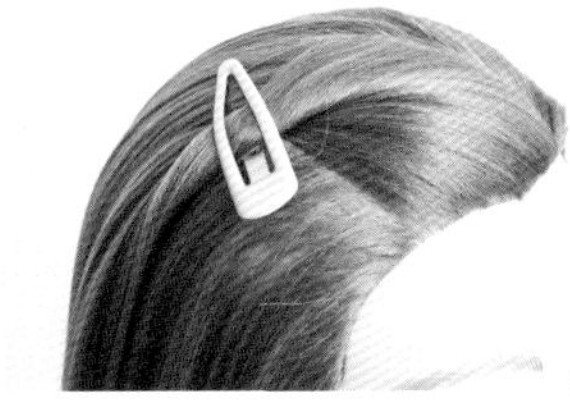

根元の毛も少量すくうとしっかり固定できる。

ゴムでアップ

パッチンピンが禁止の保育園や幼稚園には、こちらの方法がおすすめ。

三角ゾーンの束をサイドに倒し、ゴムで結ぶ。

ゴムをやや下げて二つに分けて、間に通す(くるりんぱ)。

毛束を左右に引き、ゴムの位置を上に戻す。

ねじれた毛を少量ずつ引き出す。

引き出した毛で少しふっくらしたら完成。

基本テクニック 1

ポニーテール

低い位置でローポニーテール

オーソドックスでおしゃれなポニーテール（ひとつ結び）のおすすめが低い位置。
まずはこの髪型が可愛くできれば自信がつきます。

ヘアアレンジの基本はポニーテール！

低い位置で結ぶポニーテールは、きれいに結びやすく、清楚で女の子らしい印象を与えます。長さはミディアム（肩）程度あれば十分。ゴムの上からリボンを結んだり、飾りゴムを使うことで雰囲気が変わり、この髪型ひとつでさまざまなバリエーションがたのしめます。

ローポニーテールのリボン結びは、耳下位置にリボンがチラッと見えておしゃれ。

位置は「耳」を基準に

サイドから見た位置でチェックを。低い位置は女の子らしさ、高い位置はアクティブさ、中間の位置はカジュアルさが出ます。

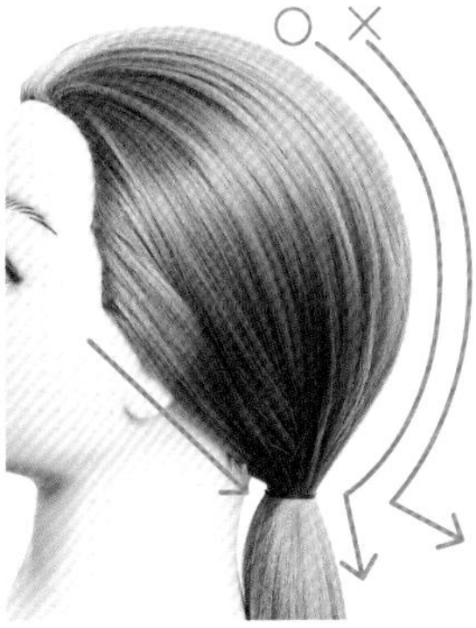

低い位置…耳より下

耳のつけ根から自然に斜めに下ろした位置で、襟足で結びます。結んだ毛がバウンドするときれいに見えないため注意。

高い位置…耳より上

ゴールデンポイントとされる高さはアゴと耳を結んだ線の延長線上。ロング以上の長さが必要でまとめにくいため難易度は高めです。

Check!
結ぶ際に中心位置からずれないように。シリコンゴムを使う場合は特にずれやすいので注意。

Check!
結んだ後、毛を引き出すと後頭部の形がきれいに見えます。

ローポニーテール

きれいに結べれば、誰でも似合います。

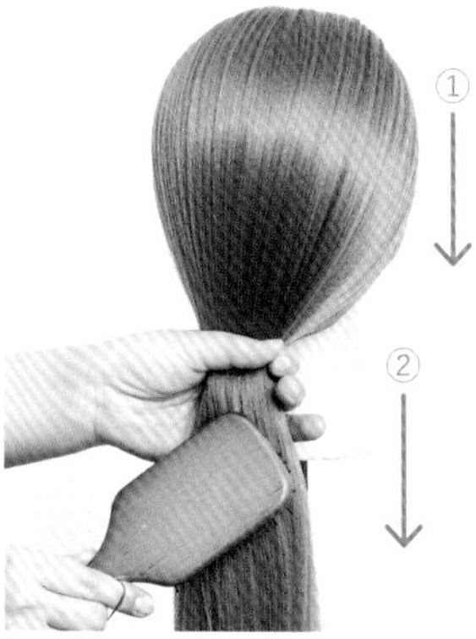

1
とかしながら耳下の位置でまとめたら（①）、写真のように毛束側もとかし、頭部や襟足の毛のたるみを無くす（②）。

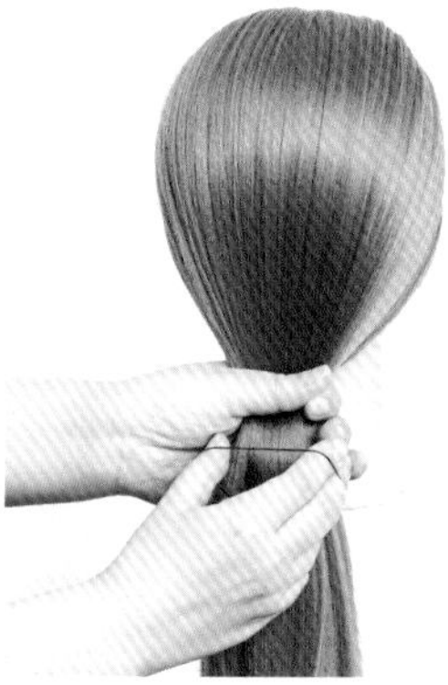

2
ゴムを用意し、手で広げて押さえている位置の毛を通す。

3
手で押さえていた位置にゴムを通したところ。一回ねじり、さらに通す。

4
ゴムがきつくなるまで、ゴムをねじっては毛先を通す。

5
ゴム下の毛を左右から少量とって引っ張り、ゴムを引き上げる。たくさんの毛を引っ張ると崩れるので注意。

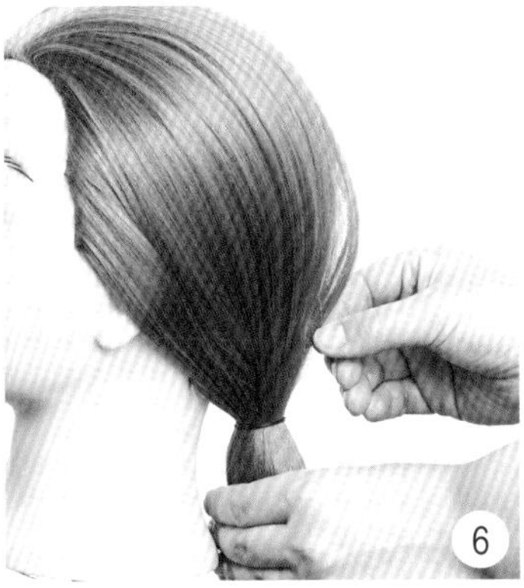

ゴム上の毛を少量とり、引き出す。2cm 位の間隔で、ぐるりと引き出す。

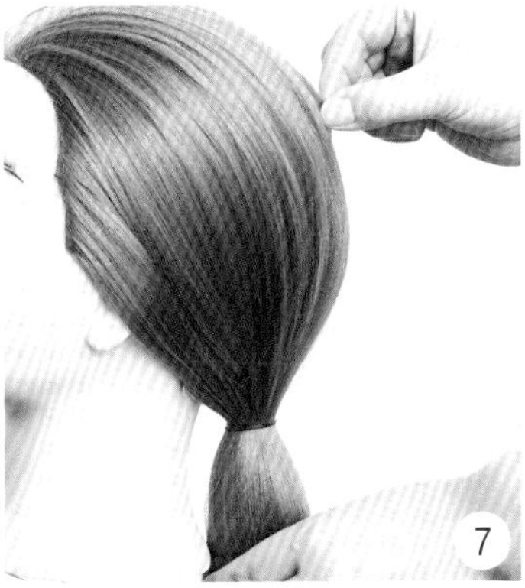

上部の毛も同様に引き出し、丸く整える。

高い位置のポニーテール

低い位置より難易度が高め。髪もロング以上が必要です。霧吹きやスタイリング剤を使うとやりやすくなります。

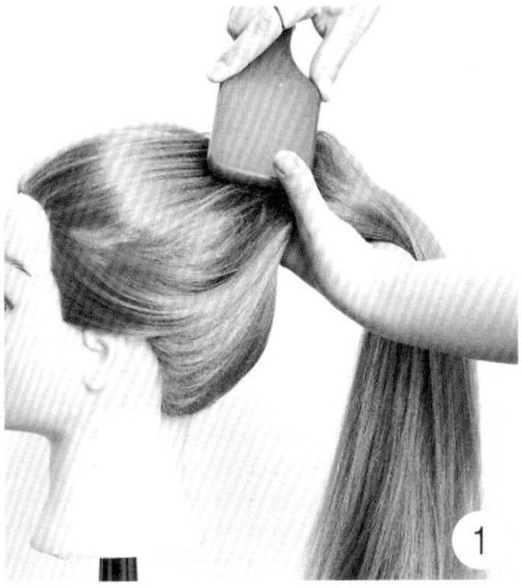

毛をとかしながら、耳の延長線上の高さにまとめる。

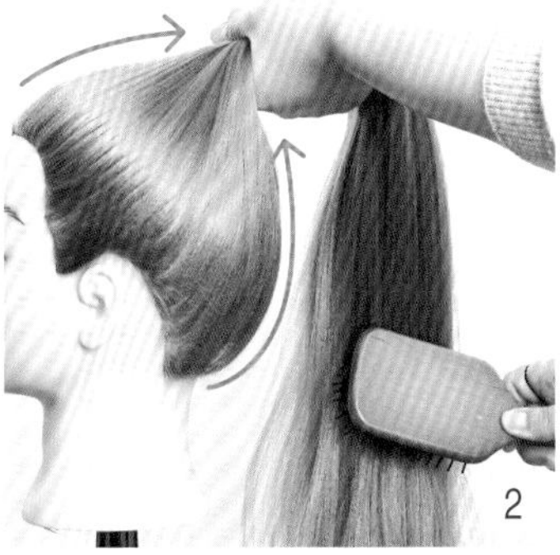

まとめた毛束側をとかす。矢印のように毛が引っ張られ、頭部や襟足の毛のたるみが無くなる。

ゴムを広げ、毛を通して結ぶ（**p.12** ／2～4と同様）。

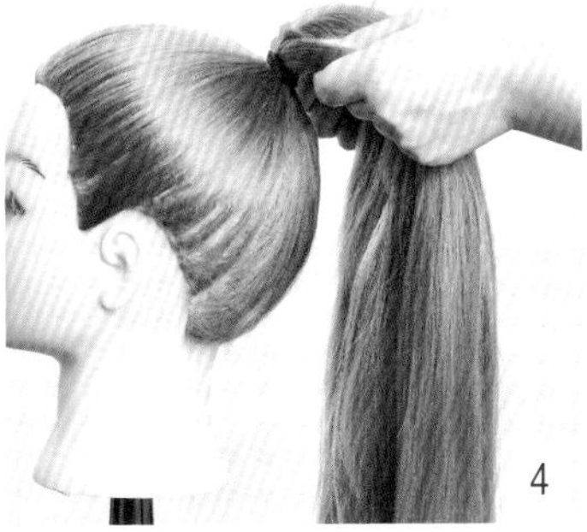

結び終えたゴム下の毛を左右から少量とって引っぱり、ゴムを引き上げる。たくさんの毛を引っ張ると崩れるので注意。

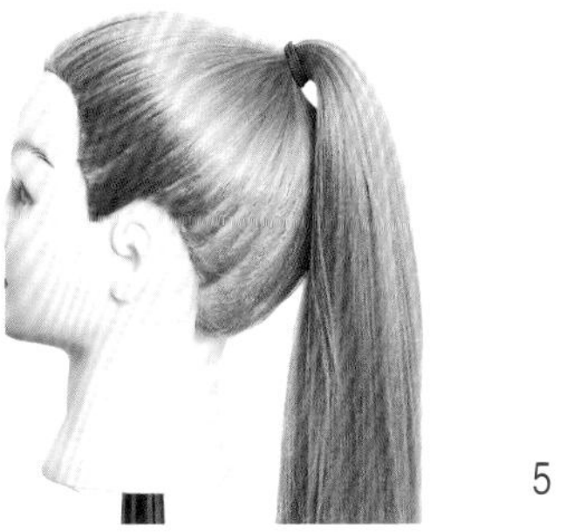

頭の形を整え（**p.13** ／ 7と同様）、完成。

基本テクニック 2

リボンの結び方

麻のリボン×ダブルリボン結び

「ヘアゴム」だけのアレンジは、髪型によってはゴムの上からリボンを結んでいます。ナチュラルな麻素材だと赤色も抑えた印象に（結び方は 2本を重ねリボン結び）。

リボンは女の子のレベルアップアイテム！

母の影響で子どもの時にピンクのリボンがお気に入りでしたが、リボンはヘアアレンジを格段にレベルアップしてくれる強い味方です。可愛い飾りゴム（▷**p.25**）でもよいですが、上品な可愛さやニュアンスを最も引き出してくれます。使う上ではリボンが目立ち過ぎないよう、素材や色で引き算することも大切です。

リボンの種類はさまざま

化繊

深いシックなグリーンの化繊のリボン。シルキーな光沢と張りで色が沈まず、程よい華やぎがあります。▷ **p.84**

サテン

やわらかい光沢で上品な印象を与えるサテンのリボン。ガーリーなピンクと幅広サイズでも控え目に見えます。▷ **p.70**

オーガンジー

透け感のあるオーガンジーのリボン。シックな黒でも重くなり過ぎず、やさしい表情になります。▷ **p.82**

ワイヤー入り

波打つような動きが出るワイヤー入りのリボン。大胆にリボンの端を長く伸ばしても、軽やかに見えます。▷ **p.60**

Check!

3種類の結び方を覚える

基本のリボン結びのほか、知っていると便利な2種の結び方でレベルアップを。

リボン結び

応用▷
ほどけにくいリボン結び

応用▷
ダブルリボン結び

Check!

縦結びにならないように注意

よくある失敗が、縦結びで結んでしまうケース。写真のようにリボンが縦にならないように注意。

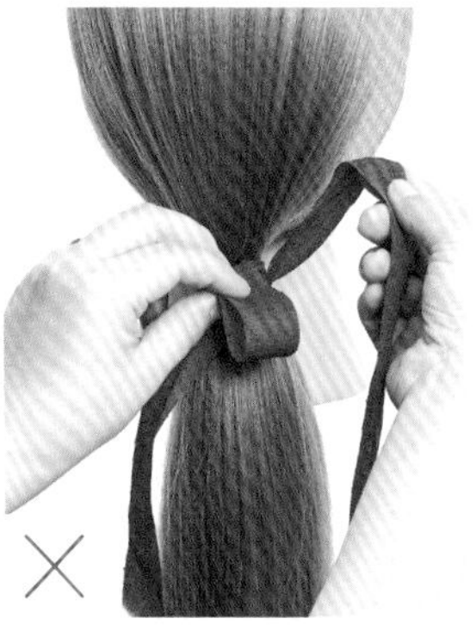

輪にしたリボンを結ぶ際、上から回すと縦結びになるので注意。

リボン結び

基本のリボン結び。リボンの長さの目安は50cm程度。

1

リボンをやや左を長くしてゴムの下にあてる。

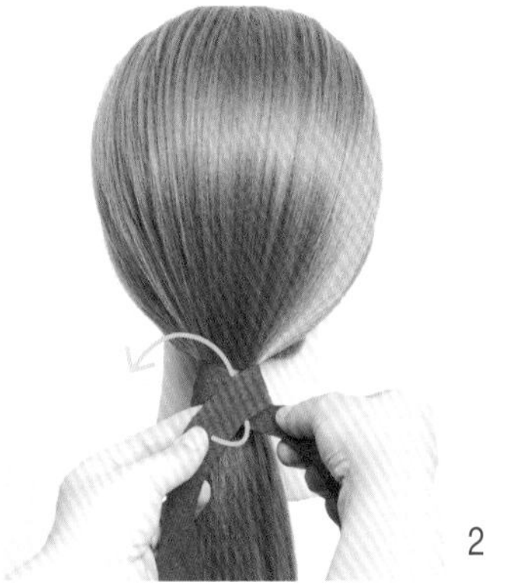

2

左→右の順に重ねて交差させ、右のリボンを交差部分にくぐらせ下から上に通す。

3

右のリボンが左上になる。

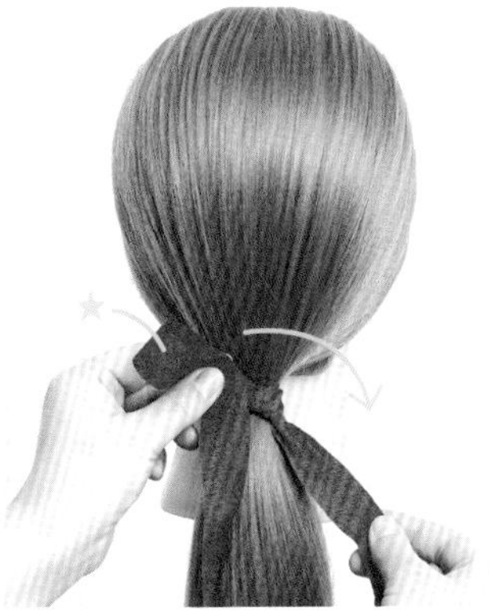

4

左上のリボン★を輪にし、輪を右に倒す。

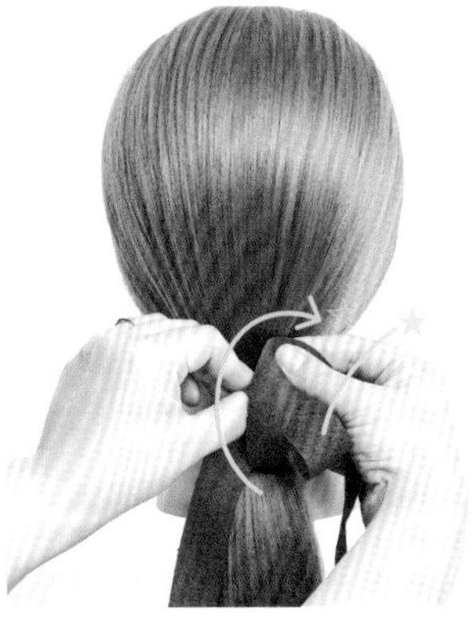

5

輪の根元に反対のリボン　を下から回して1周させる。

6

1周したリボン　で輪を作り、回したリボンの下に右から左に通し、左右の輪を引っ張る。

7

左右の輪が同じ長さになるように引き、中心の結び目を引き締める。

8

リボンの完成。

応用▷

ほどけにくいリボン結び

簡単にほどけないよう固く結びたい場合に。リボンの長さの目安は50～80cm程度。

1

基本の「リボン結び」と同様に結び、7で輪を2倍程長くする

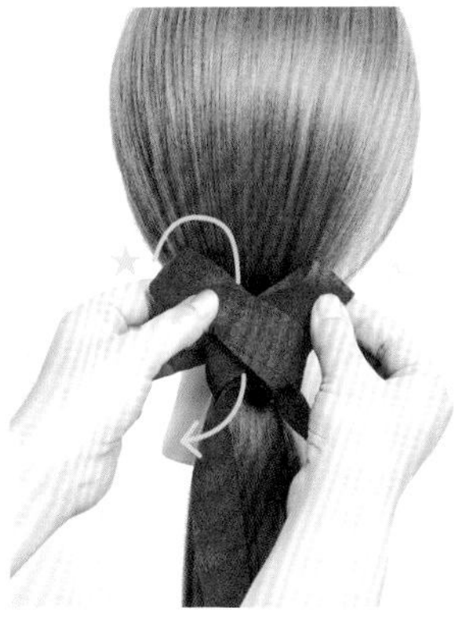

2

左→右の順に輪を重ね、交差させる。上に重ねた輪★を交差部分にくぐらせ下に出す。

3

左右の輪を同じ長さになるように引く。

4

結び目が締まるまでしっかり引き、完成。

応用▷

ダブルリボン結び

リボンの輪が二重になった華やかな結び方。リボンの長さの目安は 80 ～100cm 程度。

1

基本の「リボン結び」と同様に結んだ後、左に下ろしたリボン端で4と同様に輪を作る。

2

「リボン結び」の5と同様に輪を右へ倒す。

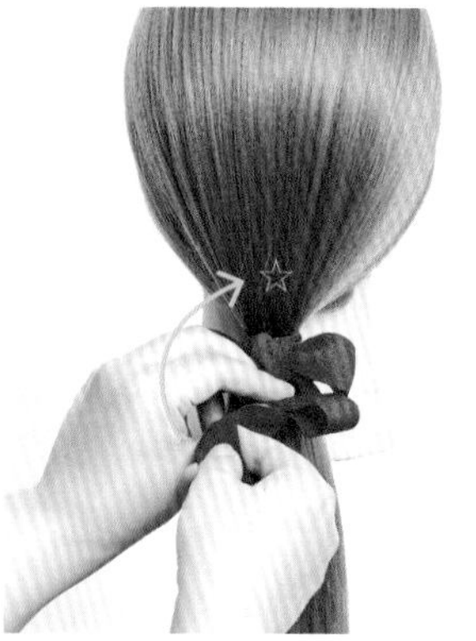

3

「リボン結び」の 5と同様に反対のリボン端を下から1周巻き、輪を作って通す。

4

左右の輪を同じ長さになるように引く。

5

リボンの輪の下にもう一つリボンができ、完成。

実物大 おすすめのリボン見本帖

本で使用したリボン（▷ページを記載）を中心におすすめのリボンを紹介します。

リボンは 1m から購入を。長めに垂らしたり編み込めるほか、
50cm でカットして２本に分けることができます。
おすすめの色は、程よい女の子らしさが出せるオレンジ系です。

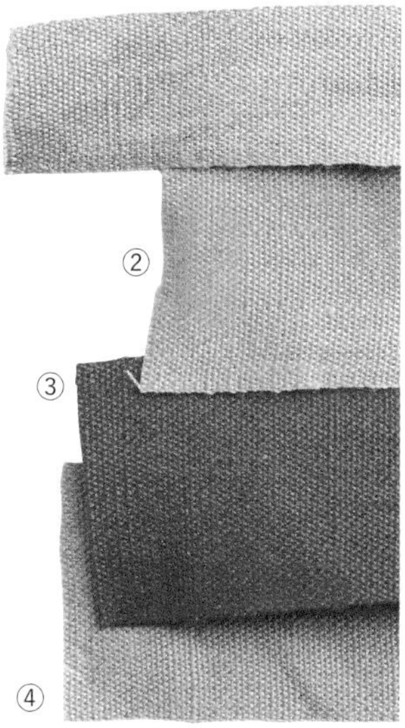

▶麻のリボン

ナチュラルな質感のため、幅広やビビッドな色でも主張し過ぎないのが魅力。自然素材の洋服とも馴染みやすい。

① 1.5cm 幅▷ **p.32, 42, 56, 57, 59**
② 2.5cm 幅▷ **p.56, 57, 59**
③ 2.5cm 幅▷ **p.14, 16 ～ 18, 21**
④ 2.5cm 幅▷表紙、**p.74**

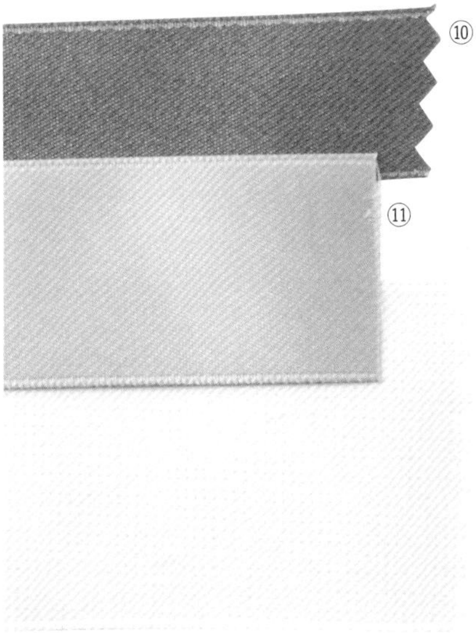

▲サテンのリボン

やわらかな光沢のため上品な魅力がある。リボンらしい存在感が最も出るため、濃い色は幅が細いものを、淡い色は幅が広いものを選んでバランスをとって。

⑩ 1.8cm 幅
⑪ 2.5cm 幅
⑫ 3.8cm 幅▷ **p.15, 72, 73**

▼化繊のリボン／ワイヤーリボン

化繊のリボン（⑤～⑦）とワイヤー入り化繊のリボン（⑧、⑨）は、張りとしっかりした光沢があり華やか。シックな色や鮮やかな色は細めの幅を選んで控えめに。動きの出るワイヤーリボンはニュアンスカラーがおすすめ。

⑤ 2.5cm 幅▷ **p.15, 32, 84, 85**
⑥ 2.5cm 幅▷ **p.56, 57, 59** ⑦ 2.5cm 幅▷ **p.80, 81**
⑧ 4cm 幅▷ **p.15, 54, 60** ⑨ 4cm 幅▷ **p.3, 21, 38, 39, 54, 61**

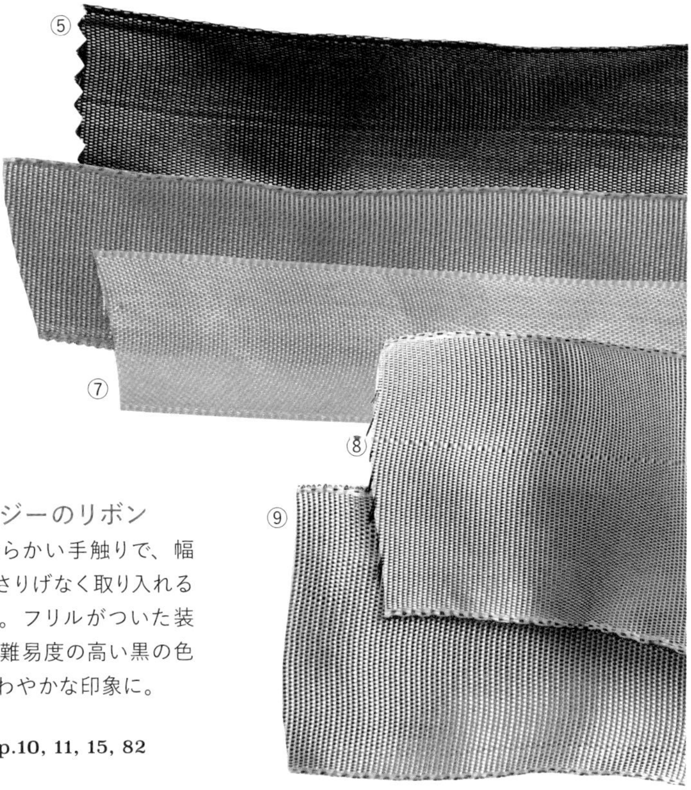

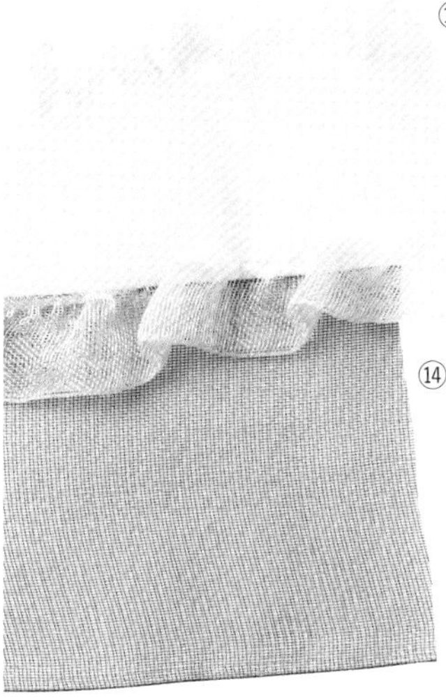

◀オーガンジーのリボン

透け感とやわらかい手触りで、幅広サイズでもさりげなく取り入れることができる。フリルがついた装飾的なものや難易度の高い黒の色も甘過ぎずさわやかな印象に。

⑬ 3.5cm 幅
⑭ 3.8cm 幅▷ **p.10, 11, 15, 82**

ポニーテールの
3分アレンジ

ポニーテールをマスターしたらやってみたい、
プラス3分でできるヘアアレンジ。
ミディアムの場合は結べる高さで。

1

ジグザグ
ウエーブ結び

3分（ポニーテール後）
ボブ　**ミディアム　ロング**

▶◀ 用意するもの　ヘアゴム ― 7本（内ミニサイズ5本）

BACK

目立つ色のゴム
（写真は白）を使うと、
装飾的でおしゃれ

▶◀ 用意するもの　ヘアゴム — 2本　リボン — 1本

2

三つ編み風
交差結び

3分（ポニーテール後）
ボブ　**ミディアム**　**ロング**

BACK

簡単なのにまるで
編み込みのよう

▶◀ 用意するもの　ヘアゴム — 3本　リボン — 1本

3

四つ編み風
ツイスト結び

3分（ポニーテール後）
ボブ　**ミディアム**　**ロング**

FRONT

前はスッキリ。
後ろは四つ編み風で
ふんわり
ポニーテール

1 ジグザグウエーブ結び

ゴムをつなぐ

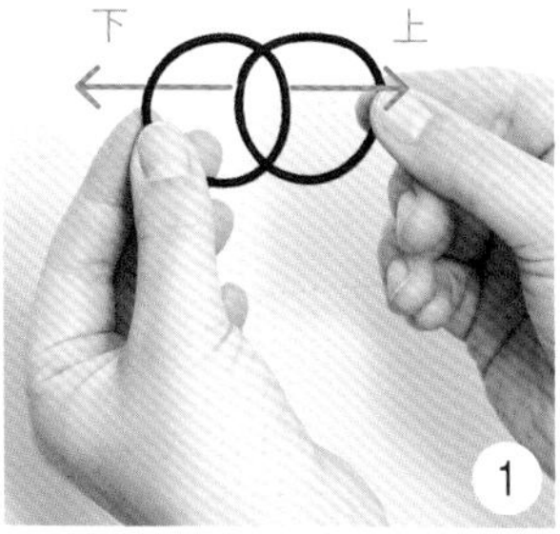

ヘアゴム(ミニサイズ)を重ねて、左右に引く。

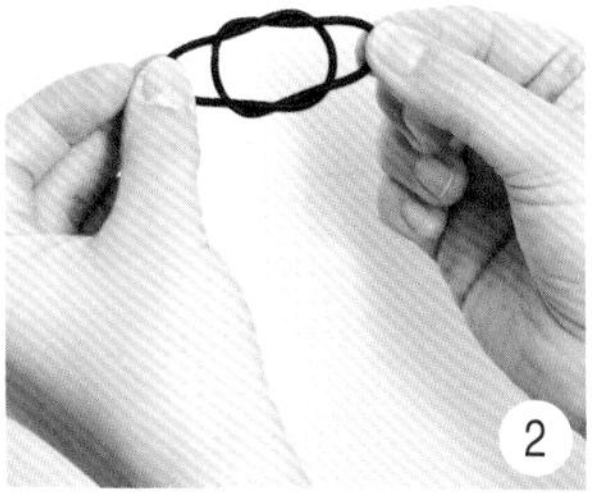

最後まで引く。

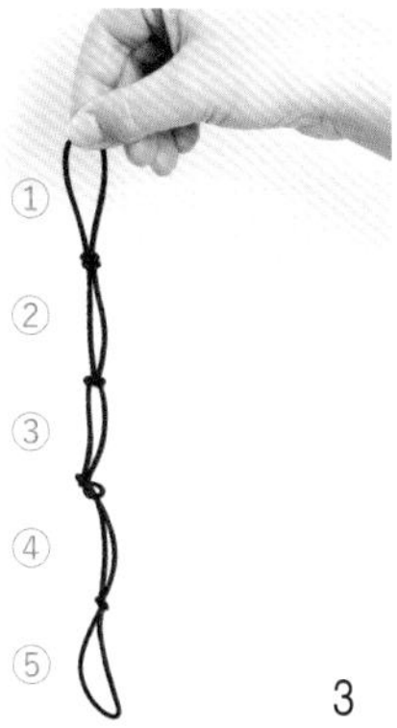

5本をすべてつなぐ。

ポニーテール

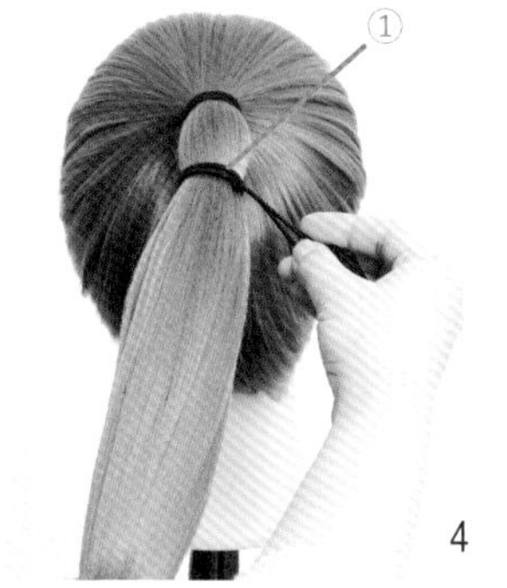

ポニーテール (**p.12**) 後、つないだ1本めのゴム (①) を髪に結ぶ。

ジグザグ結び

2本めのゴム (②) に左から髪を通す。

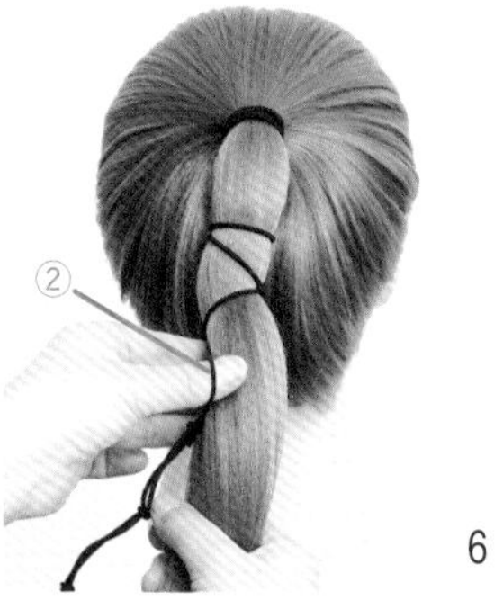

1回ねじり、同じ2本めのゴムに右から通す。

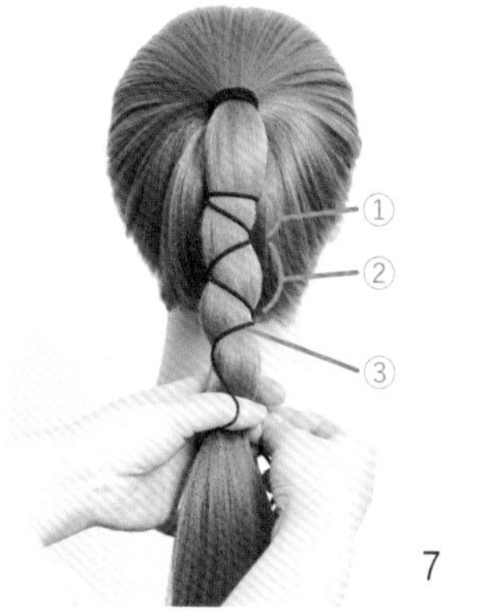

同様に、3本めのゴムも左→右の順に通す。4本めも同様にする。

最後の5本めで毛先を結ぶ。毛を左右に引き出す。

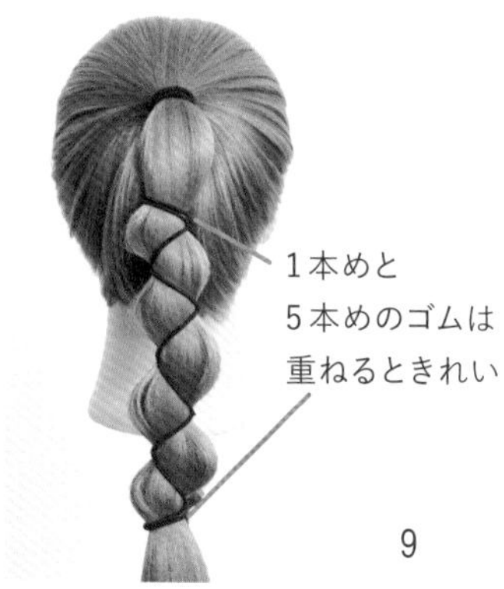

ジグザグの形に整え、完成。

Finish!

2 三つ編み風交差結び

ポニーテール

交差結び

1

ポニーテール（**p.12**）後、左から1/5程の毛束をとる。

2

分けた毛束を下から回す。

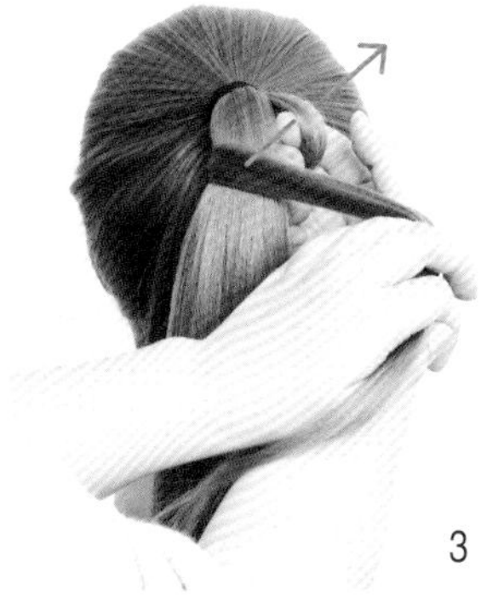

3

そのまま上に持ってきて、分けた間に通す。

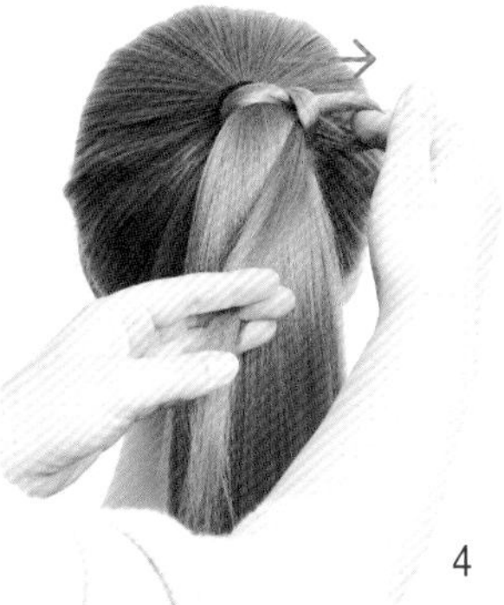

4

毛束を最後まで引く。

5

結び目ができる。

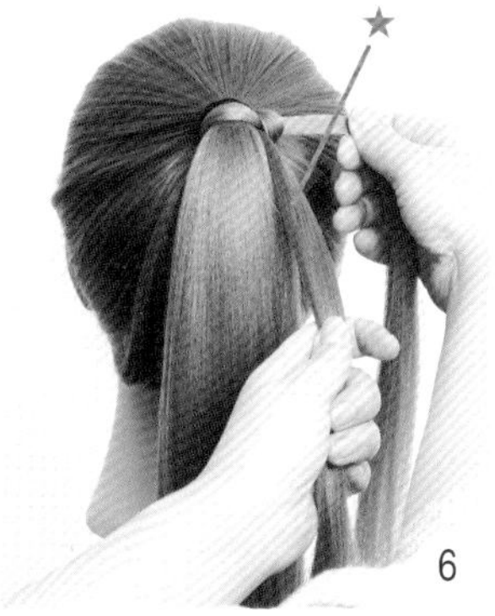

6

再び、新たに1/5程の毛束★をとる。

7

最初の毛束と一緒にする。

8

2～5と同様に、下から回して分け目の間に通し、結び目をつくる。

9

以降も同様にする。ポニーテールの1/3程度まで結び目をつくったら、ゴムでひとつ結びして、完成。

Finish!

3 四つ編み風ツイスト結び

ポニーテール

ツイスト結び

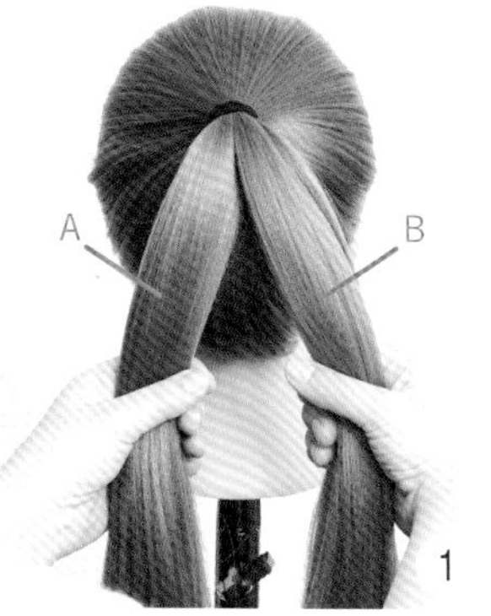

ポニーテール（**p.12**）後、毛束を二つに分ける。

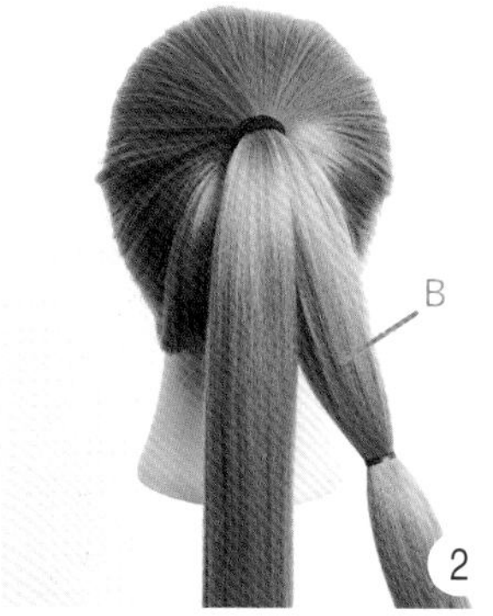

片方の毛束Bを毛先で結ぶ。

結んだ毛を半分に分け、結び目を手前に返して毛先を通す（くるりんぱ）。

ひと捻りした状態。さらに、もう1回毛先を通す（くるりんぱ）。

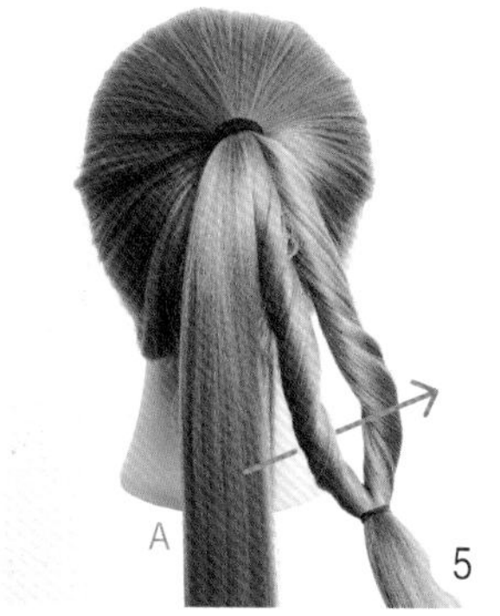

2回分捻った状態になる。もう片方の毛束Aを中に通す。

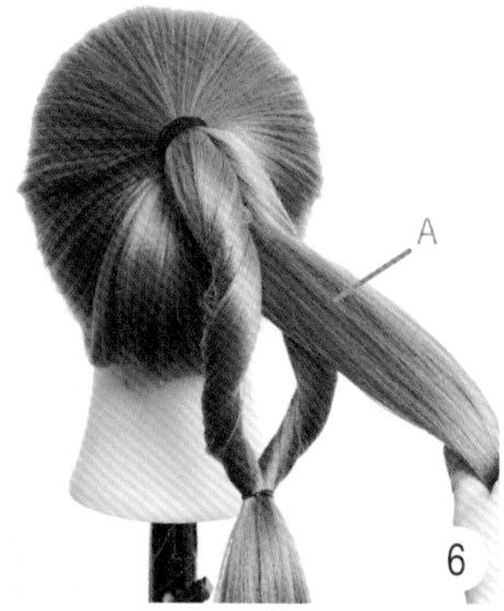

毛束Aを通したところ。

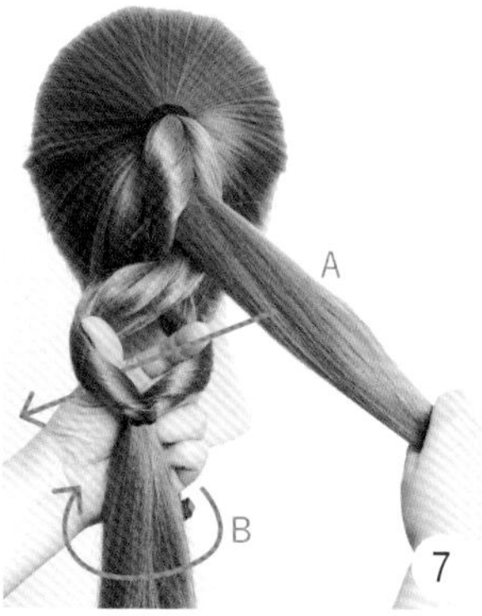

毛束Bを手前から左に縦方向に1回転し、毛束Aを中に通す。

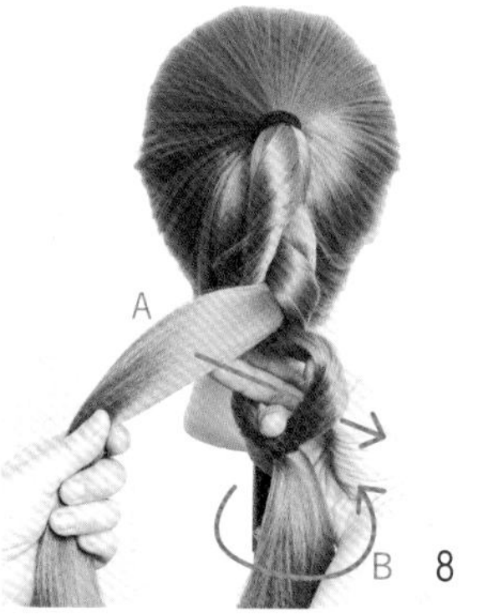

今度は、毛束Bを手前から右に縦方向に1回転し、毛束Aを中に通す。

毛先をゴムでひとつ結びする。左右から引き出してボリュームを出し、完成。

Finish!

飾りゴム、髪留めのおすすめ

本書のヘアアレンジは、リボン（p.19）以外に、市販の髪留めも使用しています。
チェックや水玉、花柄—— 女の子を魅力的に見せる可愛いモチーフや模様はさまざま。
洋服や小物とお揃いに、あるいは好きなものを親子で一緒に選ぶと
ヘアアレンジの時間がもっと楽しくなります。

使用したもの（▷ページを記載）やおすすめの髪留め。
どれも手頃な価格で入手できます。手芸用の皮ひもなど、
髪飾り用ではない品も取り入れてみましょう。

Step 1

結ぶだけ！
編まずにできるアレンジ

ゴムでまとめて結ぶだけのヘアアレンジ。
結び方で編んだように見えるものや、
ゴムだけでできるアップヘアもあります。

難易度　～

写真のアレンジ … 左／基本テクニック4「お団子」、右／7リボンヘアのツインテール

基本テクニック **3**

髪の分け方

「**ピシ**」タイプ

シャープな分け目のラインが端正な印象。

「**ゆる**」タイプ

分け目があいまいでやさしい印象。

使い分ければ印象ががらり！

髪の分け方で、見た目の印象が変化します。左右対称の髪型の美しさや端正さが際立つのは「ピシ」タイプ。子供らしいはつらつとした魅力や〝きちんと〟した印象に。ふんわりとしたやさしい表情になるのが「ゆる」タイプ。ボリュームを出したり、シンプルな髪型にクセ毛のようなニュアンスを加えられます。

Check!

「ピシ」タイプは一度で分けようとしない

コームを使い、きっちりと分ける「ピシ」タイプは、一度にきれいに分けようとしなくてオーケー。一度分けた後、曲がっていたり偏っている部分があれば、コームを再度当ててその部分を分け直します。

「ピシ」タイプ

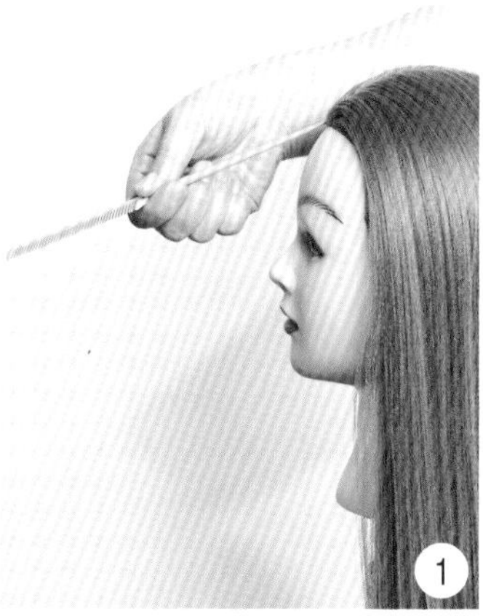

二つに分ける場合、おでこの前中心にコームの柄（え）を当てる。

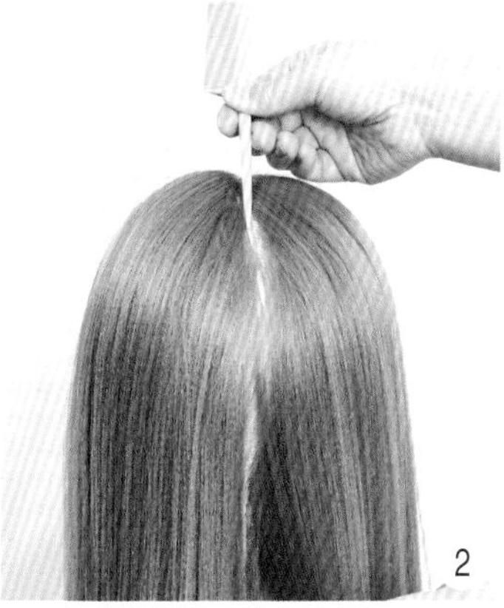

そのまま、後頭部に動かして髪を分けていく。

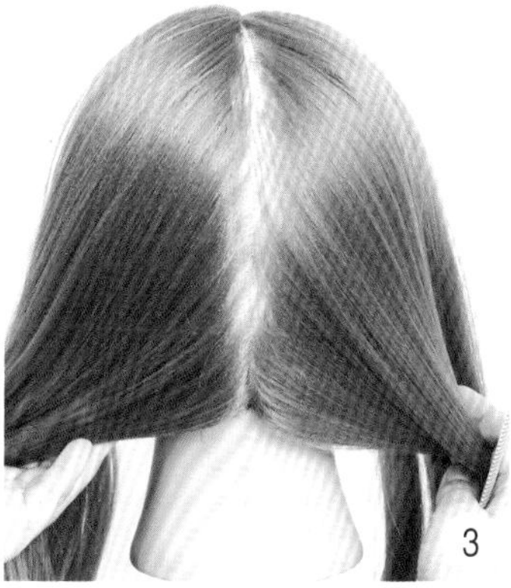

首までおろして、髪を分ける。一度にきれいに分けられないので、偏った部分には再度、柄を当てて分け目が真っすぐになるようにする。

「ゆる」タイプ

頭頂部から始め、指先を下ろしながら分ける。

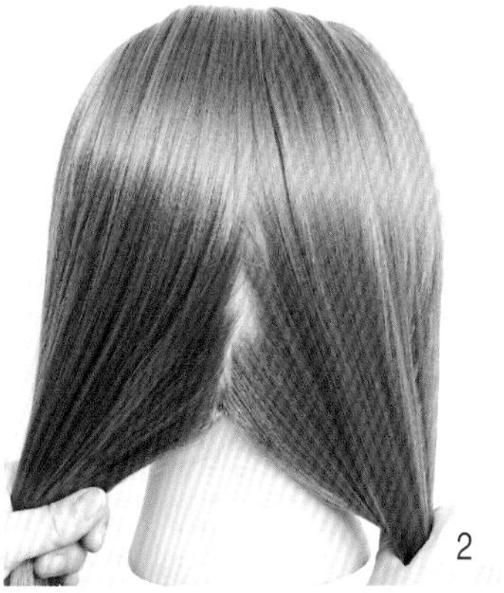

少し曲がってても気にせず、分け目が見え隠れするくらいでオーケー。結ぶ時もゆったりと結ぶ。

上下に分ける場合

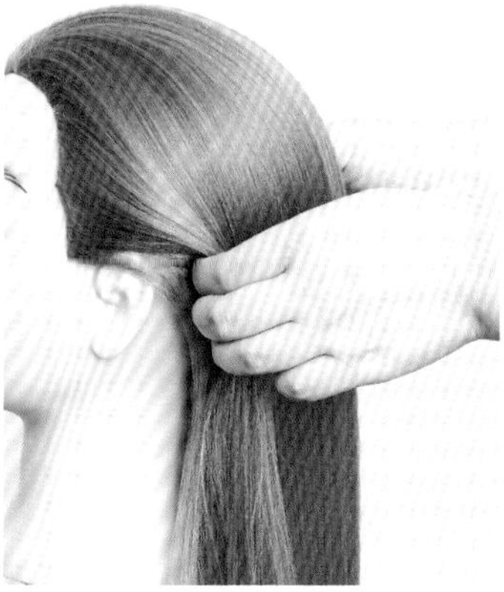

髪を上下のブロックに分ける場合は耳上を基準にする。コームを使わずに手で分ける。

4

ボンボン結び

5分

ボブ　**ミディアム**　**ロング**

用意するもの　ヘアゴム — 10 ～ 13本

FRONT

カラーゴムを
アクセントに。
左右で結ぶ回数を
変えるとおしゃれ

BACK

ミディアムの
場合は頭の
中間位の高さで
結んで

二つ結び
↓
ゴムで複数結ぶ
↓
Finish!

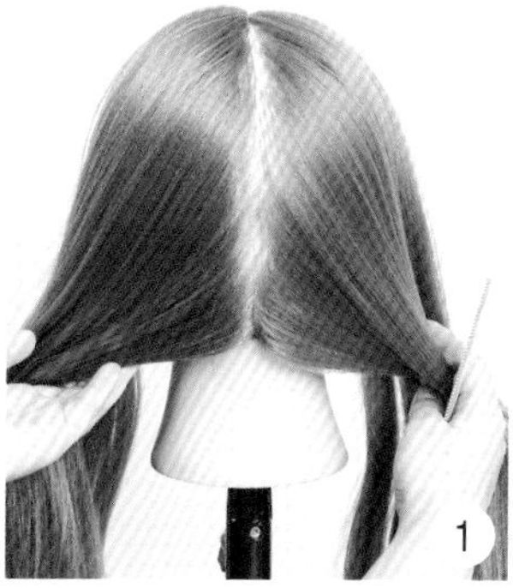

1 「ピシ」タイプ（**p.29**）で左右に分ける。

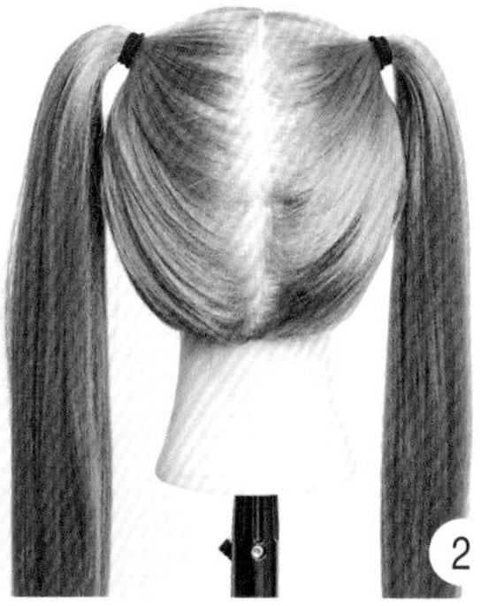

2 耳の上の位置で結ぶ。

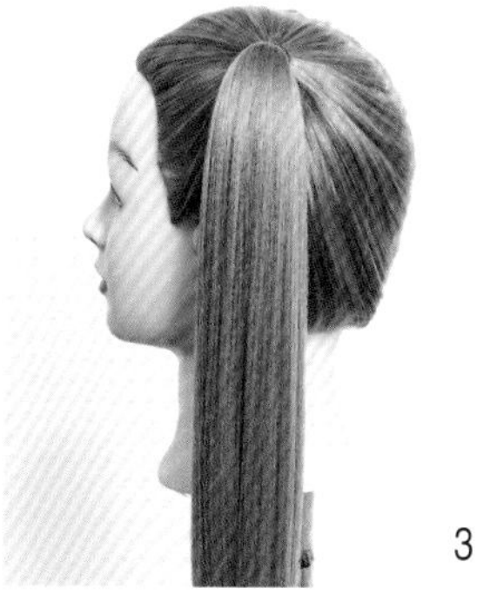

3 サイドから見たところ。

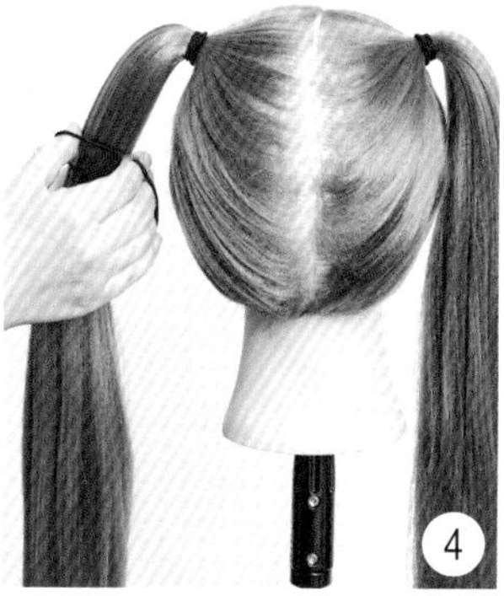

4 5 ～ 7cm 程空けてゴムで結ぶ。

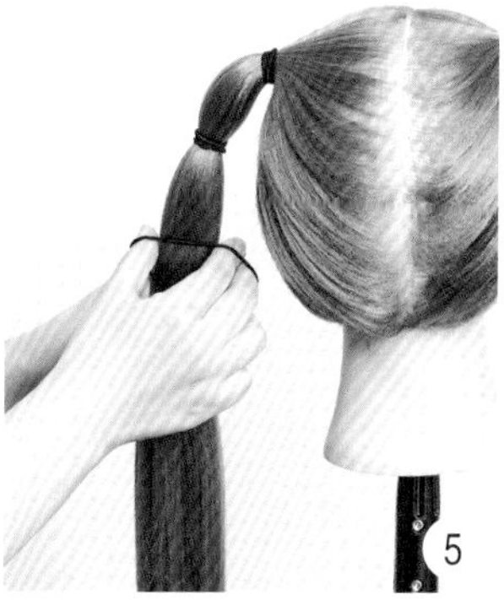

5 同様の間隔を空け、ゴム結んでいく。

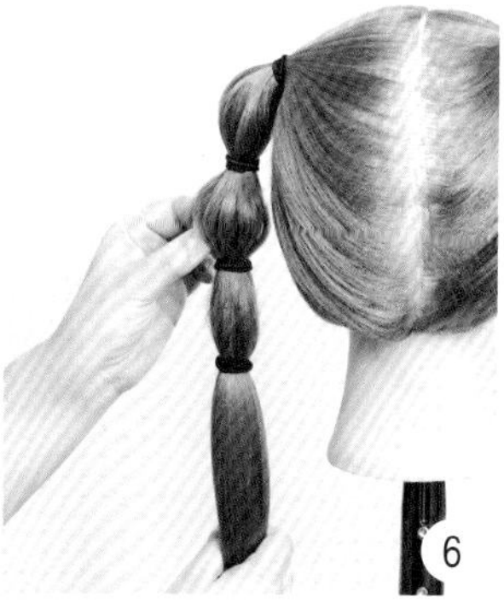

6 下まで結んだら、束ごとに髪をぐるりと1周して引き出し、丸い形に整える。

5

二つ結びの
リボンテール

⏱ 10分
ボブ　**ミディアム　ロング**

▶◀ 用意するもの　ヘアゴム ― 4本　リボン ― 2本

SIDE

耳の前で結ぶと
表情が引き立ちます

BACK

リボンは
結ばずに端を
伸ばして飾りに

二つ結び

リボンを巻く

1

「ピシ」タイプ（**p.29**）で左右で分け、耳前の位置でゴムで結ぶ。

2

ゴムにリボンの端を3~5cm通す。

3

結んだ髪を二つに分ける。

4

リボンを中心に入れ、左に出す。

5

左から手前に回して中心に入れ、今度は右に出す。

6

右から手前に回して、中心に入れ、左に出す。8の字を描くように、左→中心→右を繰り返す。

7

毛先から5cm程度までリボンを通したら、毛先をゴムで結び、リボンをゴムに通す。

8

5cm程通して輪っか★の状態にし、残りのリボン端をゴムを隠すように1周巻く。

9

端をリボンの輪★に上から通して引く。リボン端は好みの長さにカットする。

Finish!

6

編み込み風
結びヘア

7分

ボブ　ミディアム　ロング

用意するもの　ヘアゴム2色 ― 16～19本

FRONT

髪が短い場合は
耳の辺りまで結び、
後は下ろせばOK

BACK

ゴムの間隔を
左右で変えれば
さらにキュート！

二つ結び

ゴムで複数結ぶ

Finish!

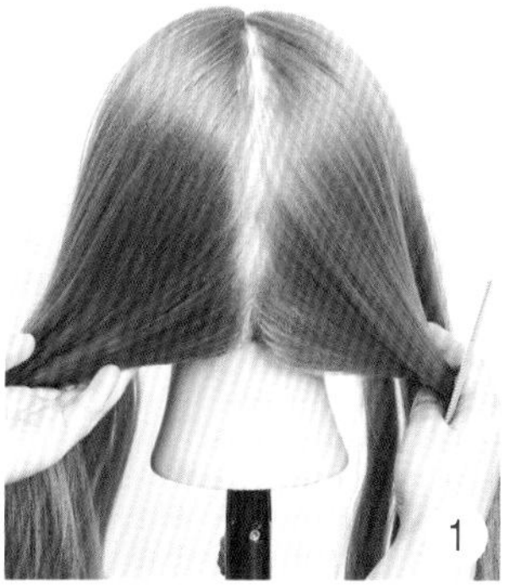

「ピシ」タイプ（p.29）で左右に分ける。

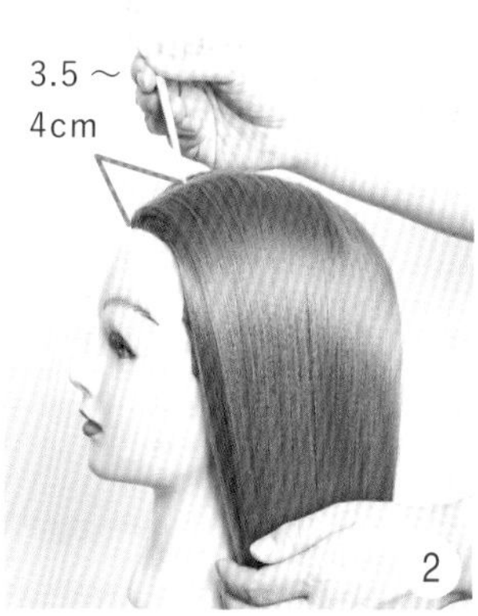

分け目の中心から3.5〜4cm程の位置にコームを当てる。

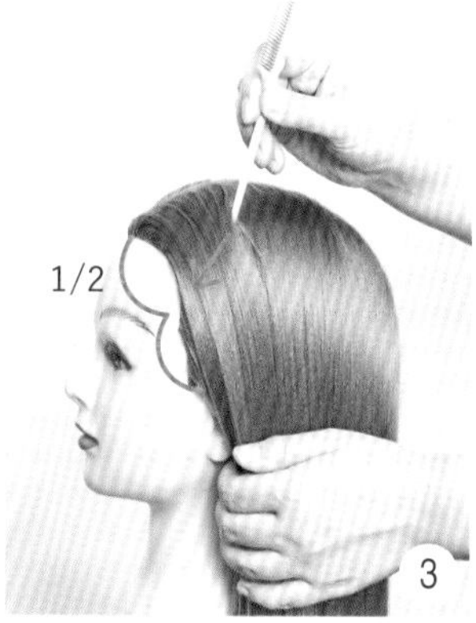

カーブを描くようにして、前中心〜耳の1/2の位置に向かって、髪を分ける。

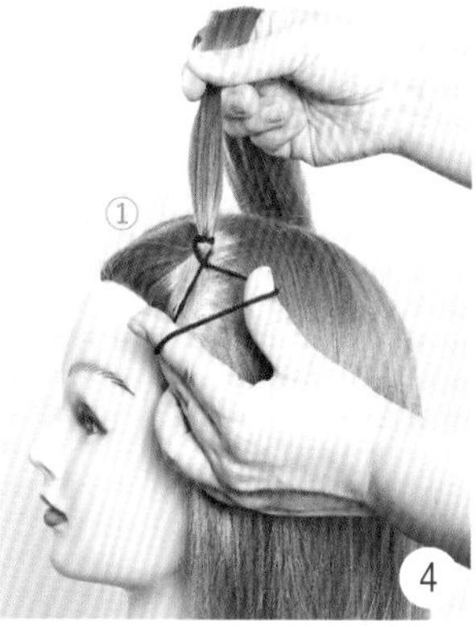

分けた髪の根元をゴムで結ぶ（①）。結ぶ位置は、ブロックの両側から等距離くらいにする。

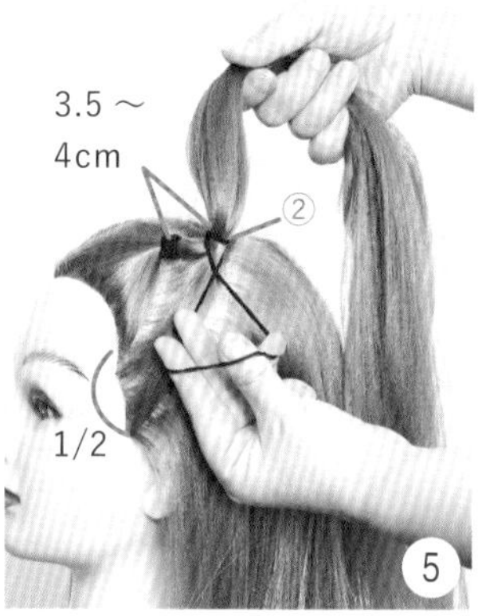

2本目は3.5〜4cm空けた位置から残り1/2の位置で分け、①の髪と一緒に根元を縦の延長線上で結ぶ（②）。

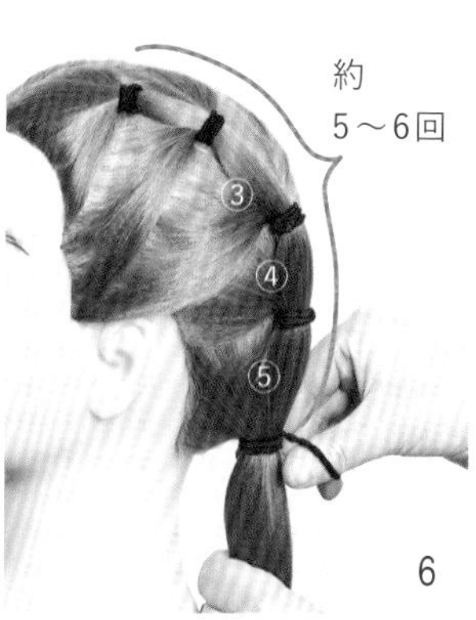

同じ要領で、同じくらいの間隔で襟足まで結ぶ（③〜⑤）。襟足より下は、左ページのように左右で変えて結ぶ。

横方向に結ぶ場合

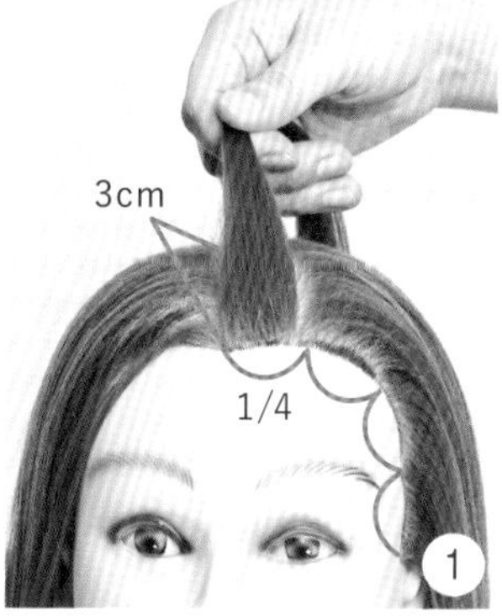

1本目（①）は、分け目の中心から3cm程の位置にコームをあて、1/4（前中心〜耳）の位置で髪を分ける。

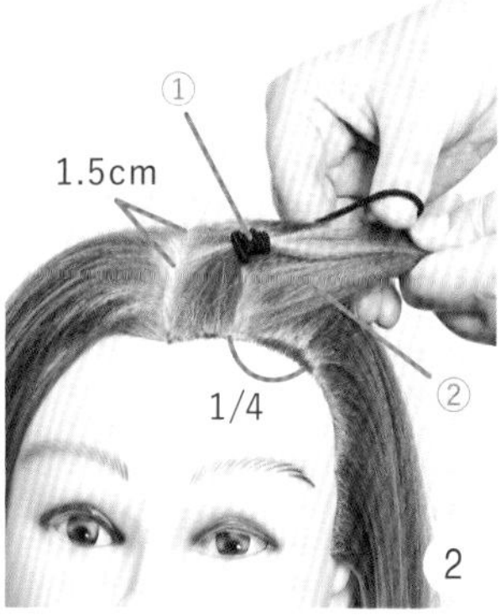

2本目（②）は、1本目より狭い1.5cm程空けた位置から1/4分髪を分ける。

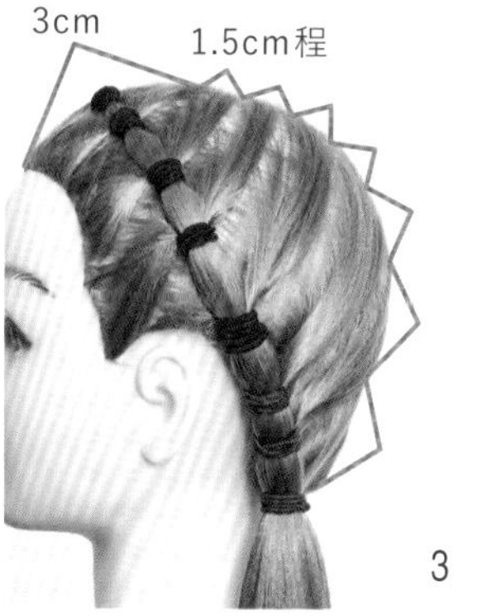

3本目以降は2本目と同じくらいの間隔で髪を襟足まで結ぶ（⑤〜⑧）。襟足より下は、左ページのように左右で変えて結ぶ。

7

リボンヘアの
ツインテール

7分

ボブ　ミディアム　ロング

用意するもの　ヘアゴム ― 14本（内カラーゴム6本）

BACK

飾りゴム要らずの
リボンの形がキュート。
ロングの場合は
高い位置で目立たせて

FRONT

ツインテール部分は
ゴムでタイトに束ねて
すっきりと

二つ結び

ゴムでリボンをつくる

1

「ピシ」タイプ（**p.29**）で左右に分けて結ぶ。

2

1/5程の毛束（A）をとり、よけておく。

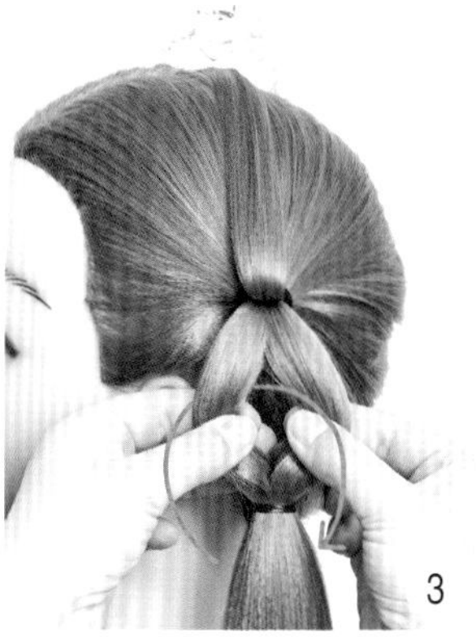

3

10cm程下をゴムで結び、二つに分けた間に毛先をくぐらせる（くるりんぱ）。

4

毛束Aを間に通す。

5

通したところ。

6

毛束を押さえながら下のゴムを上にずらす。リボンの形になる。

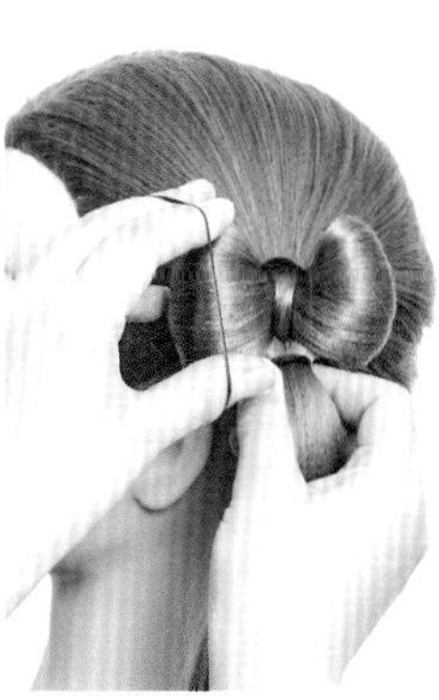

7

リボンの根元をゴムで結んで固定する。

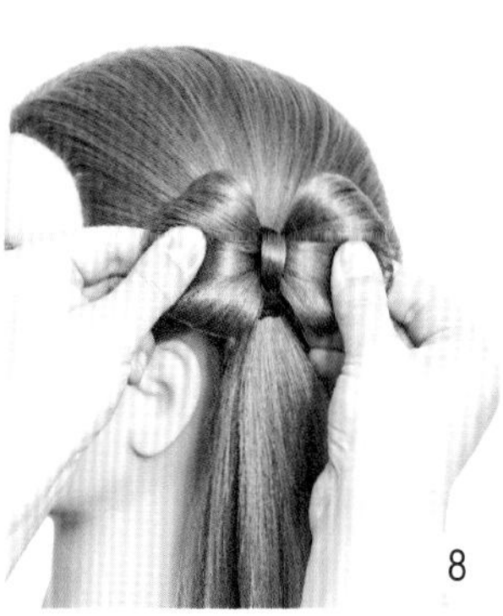

8

リボンの形を整える。下の毛束を4本程度のゴムで結び、ゴムを上下に広げてタイトにまとめる。

Finish!

Arrange

ポニーテールの根元をリボンヘアにすると、飾りゴムがなくても装飾的に仕上がります。

8

プリンセス風
ボリューム結び

15分

ボブ　**ミディアム　ロング**

用意するもの　ヘアゴム ― 9～12本

三つ編み風のふわふわヘアが物語のプリンセスのよう。全体を少しカーブさせるとより〝らしく〟。

SIDE

髪型に負けない
幅広リボンがおすすめ

FRONT

毛のほぐし具合で
ボリューミーに

上半分を結ぶ

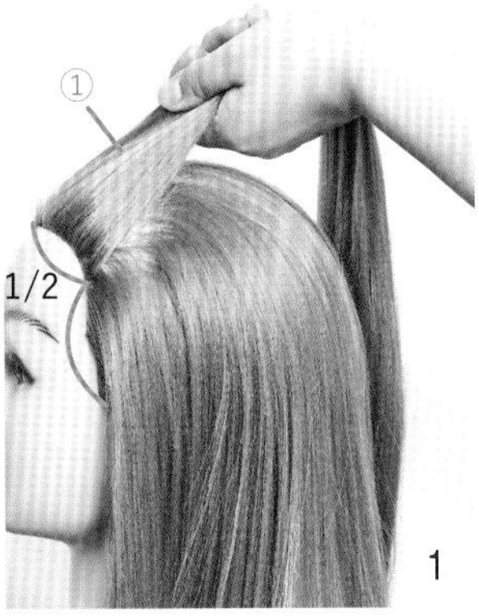

1本目（①）は三角の形（サイドは前中心〜耳上の1/2）に髪をとり、結ぶ。

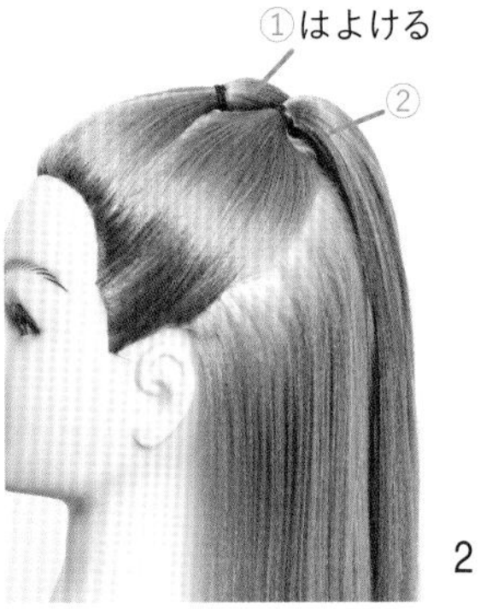

2本目（②）は、耳上の位置で髪をとり、①の毛束をよけて結ぶ。

①の毛束を持ち上げる。

下半分を結ぶ

①を左右に分け、②をはさむ。

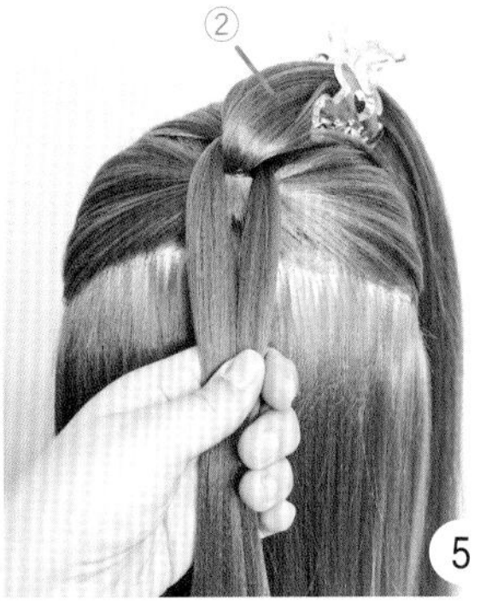

②を上にして、クリップなどでよけておく。

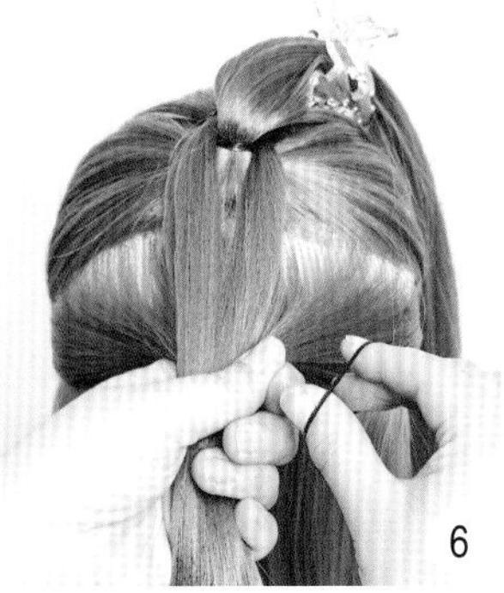

3本目（③）は残りの下半分の髪を上・中・下に3等分し、上1/3を①と一緒に結ぶ。

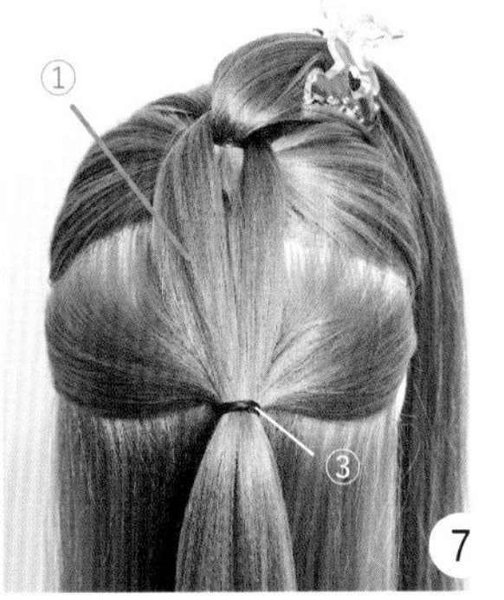

①と一緒に③を結んだところ。

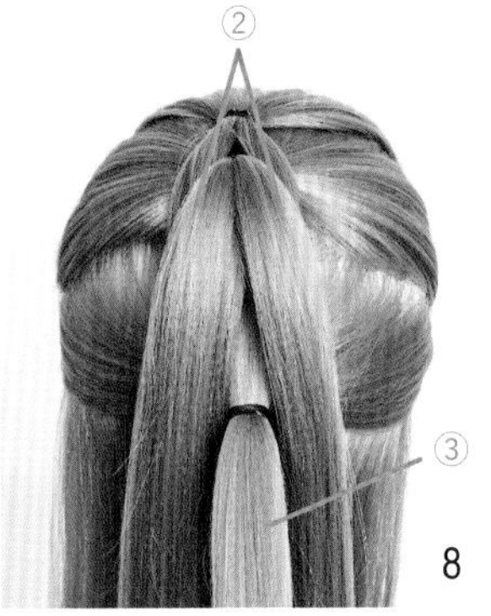

②を下ろし、左右に分けて③をはさむ。

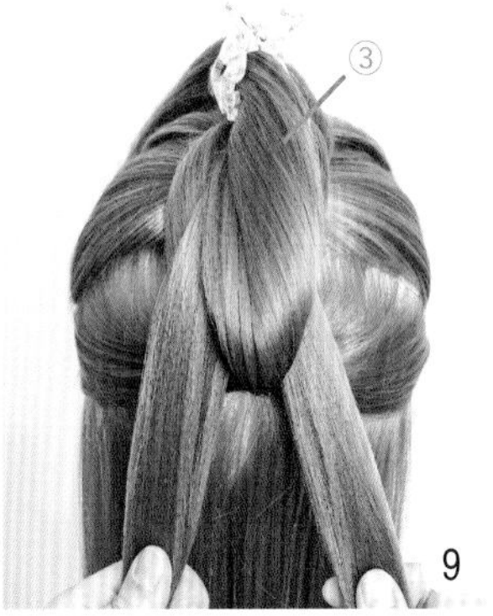

③を上にして、クリップなどでよけておく。

下ろした髪を結ぶ

4本目（④）は、中1/3の髪と②を一緒に結ぶ。

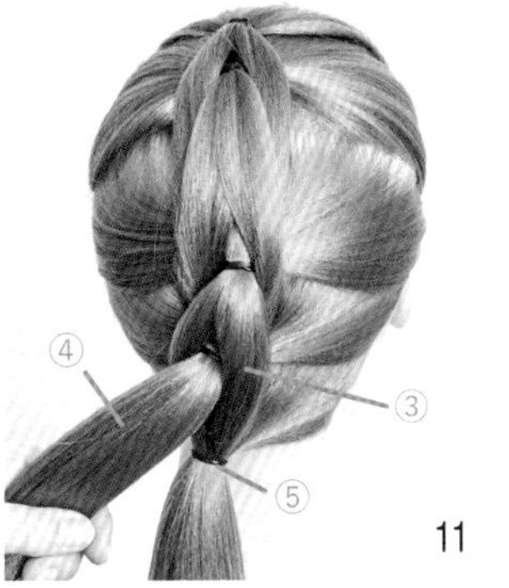

5本目（⑤）は、③を下ろし、左右に分けて④をはさみ、下1/3の髪と一緒に結ぶ。

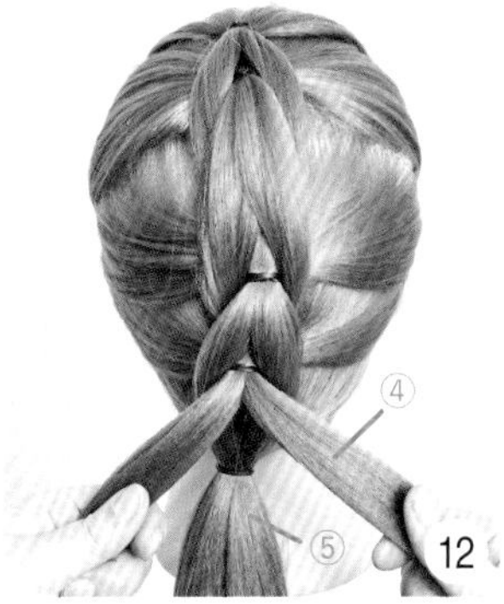

④を左右に分け、⑤をはさむ。

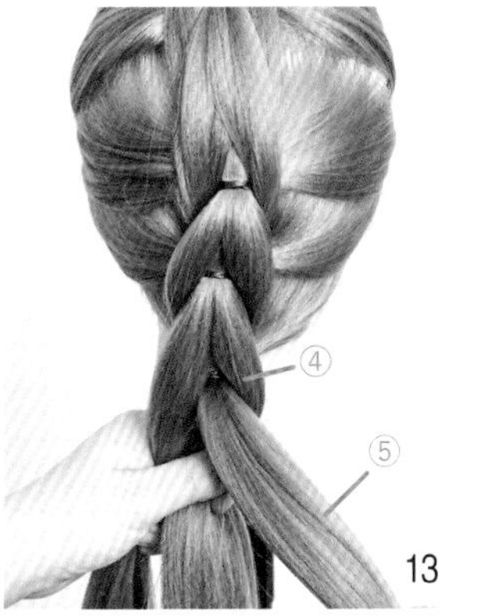

⑤をはさんだところ。

そのまま⑤をよけて結ぶ（⑥）。

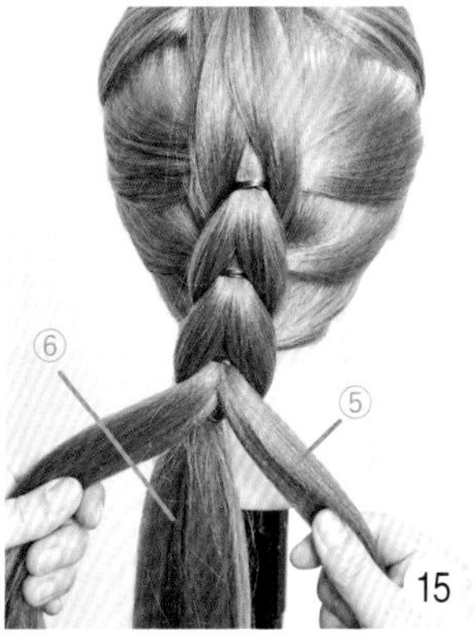

⑤を左右に分け、⑥をはさんで⑤だけを結ぶ（⑦）。

髪を引き出す

最後は、⑥と⑦を一緒に結ぶ。髪が長い場合は、同じ要領で繰り返す。

結んだ髪を束ごとに左右に引き出し、ボリュームを出す。

最後の毛束まで引き出し、完成。

Finish!

基本テクニック 4

お団子

まとめ髪の定番「お団子」

清潔感のあるアップスタイルの定番。まとめる位置の違いによるバリエーションも豊富です。
長めのリボンだとガーリーテイストに。

アップスタイルがゴムだけで！

不器用なお母さんにもおすすめなのが、ピンを使わずに「ゴムだけ」でできるお団子スタイル。ゴムを使うことでしっかりまとまり崩れにくい利点のほか、ピンでうっかりケガをする心配もないので、小さなお子さんにも安心です。

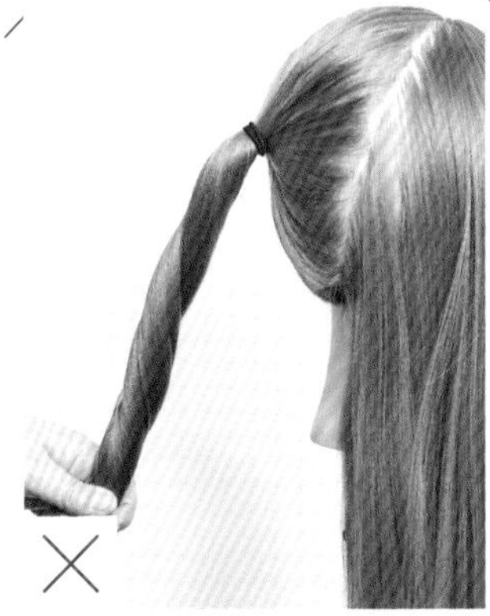

Check!

髪のねじり加減がゆるいと崩れるので注意

髪をねじる際、加減がゆるいと巻いたときにきれいにまとまりません。ねじっている内に髪全体が自然にねじれるくらいまで、しっかりと巻きましょう。

1

お団子をつくる位置で髪を結び、一方向にねじる。写真のように、髪全体が自然にねじれるくらいが目安。

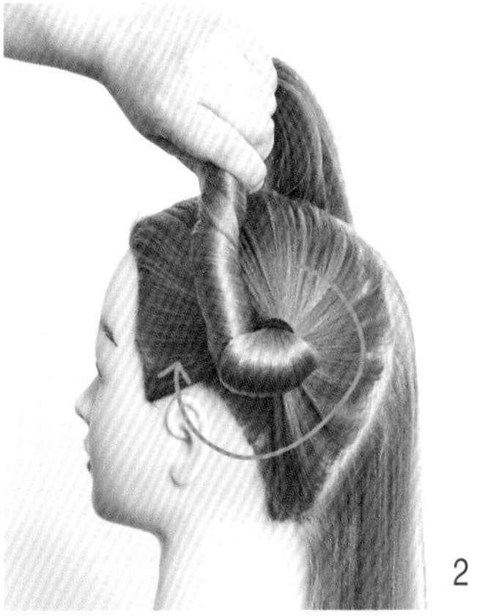

2

ゴムの結び目を中心に、自然にねじれた方向と同じ向きに髪を巻いていく。

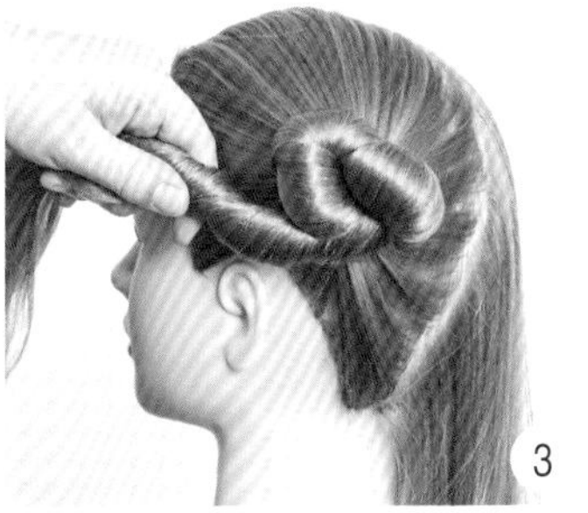

3

1周したら、2周目はその外側を巻いていく。

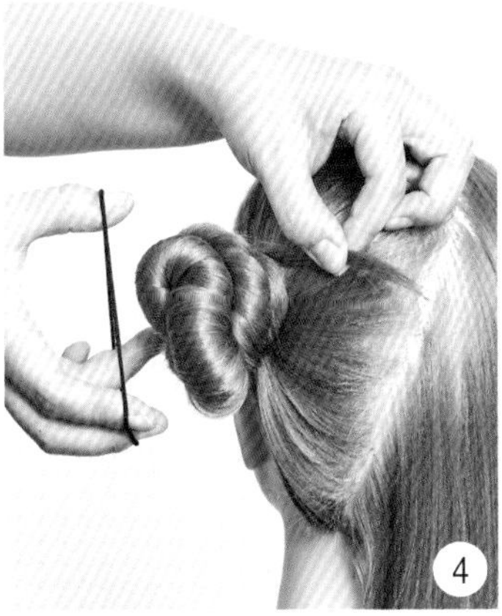

4

毛先付近までねじりながら巻き、根元をゴムで結んでとめる。最後に巻いた髪の上とその1周前の髪の上をとめるようにする。

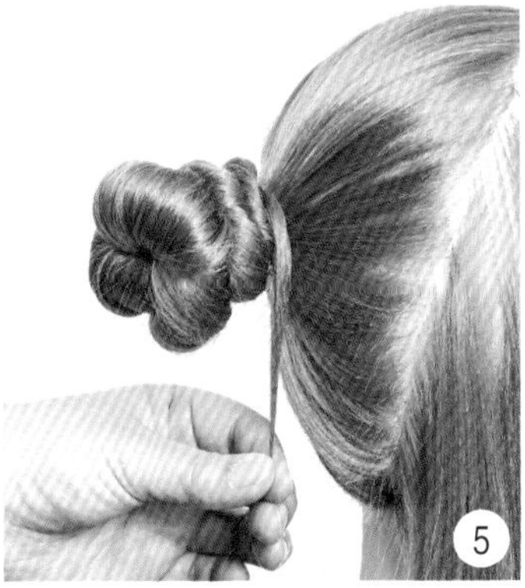

5

とまり切らなかった毛先は、根元に巻きつける。

6

完成。リボンを結ぶ場合は根元を結ぶ。

9

上下のお団子

5分

ボブ　ミディアム　ロング

▶◀ 用意するもの　ヘアゴム ― 4本

BACK

上下でかっこいい
スタイルに。
髪が短い場合は
上のお団子だけにして
ハーフアップに

10

ランダムな
お団子

🕐 15分

ボブ　ミディアム　ロング

▶◀ 用意するもの　ヘアゴム — 12本

BACK

全部巻き切らず、
少し残した毛先が
キュート

FRONT

前からも横からも
お団子が
重ならないように
するのがポイント

9 上下のお団子

写真のように高い位置のお団子は、
高い位置で結びます。

耳上で上下で分けて、お団子にする。

p.42 お団子

アシンメトリーに分けると、
それだけでおしゃれに見えます。

右の眉山の位置から反対側の耳下に向かって二つに分ける。一気に分けず、写真のように耳上の位置まで一旦分ける。

続けて耳上から耳の下まで分ける。お団子の高さは分け目に合わせ、左右で変える。

10 ランダムなお団子

上の左右のアシンメトリーを
さらに斜めのラインで6つに分けます。

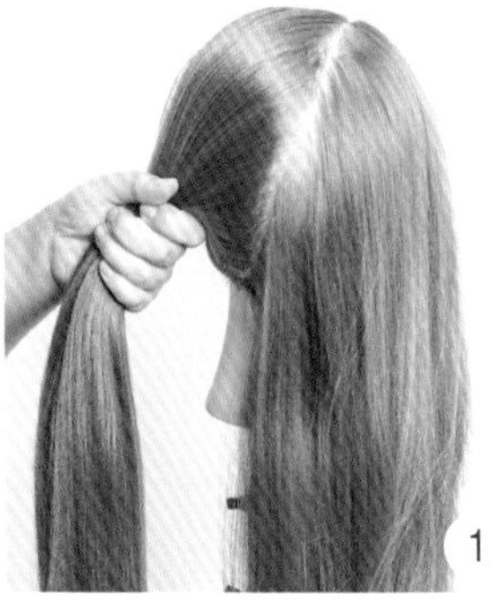

上と同様に左右をアイシンメトリーに分ける。

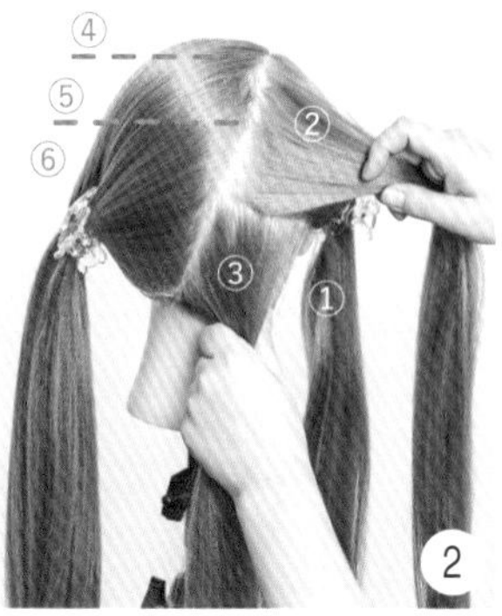

右は、耳後ろで前後に分け（前＝①)、後ろを上下に分ける(②、③)。右は、横方向に3つに分ける(④〜⑥)。

短い髪向け！ お団子アレンジ

バリエーション豊富なお団子は、
髪が短くてもできる髪型です。
短い場合は写真のような上半分の髪だけでできる
お団子がおすすめです。

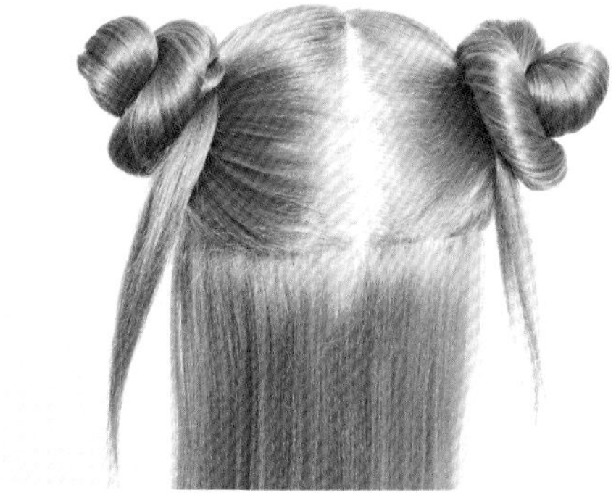

▶◀ 用意するもの　ヘアゴム ― 6本

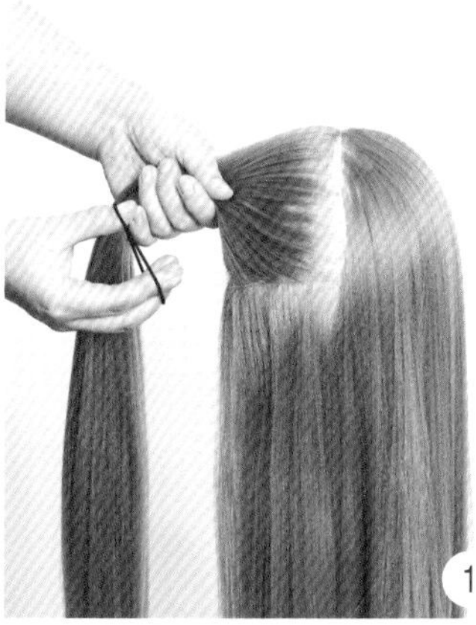

耳上の位置で髪を左右に分け、サイドで結ぶ。

ゴムを結び終える最後の1～2回前で、髪をゴムに通す。

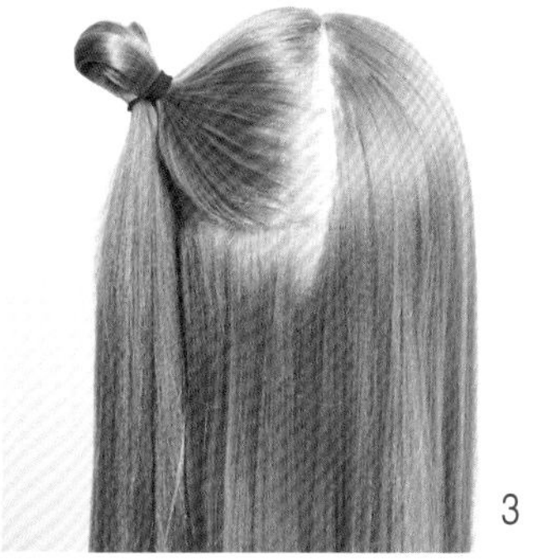

髪を抜き切らず、最後の1～2回でとめて輪にする。

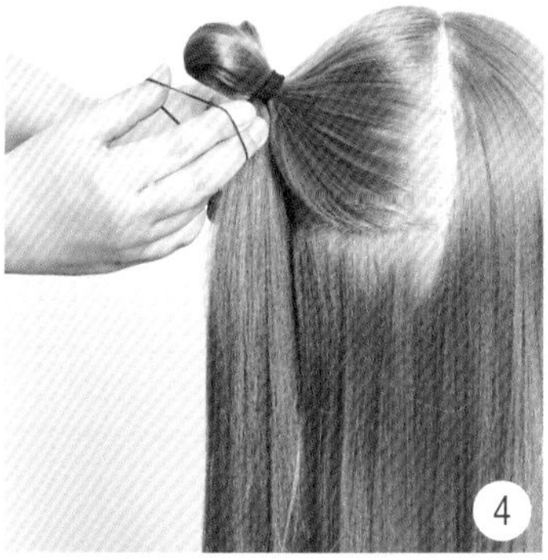

結び目がゆるむ場合は、別のゴムでさらに上から3の結び目を結ぶ。

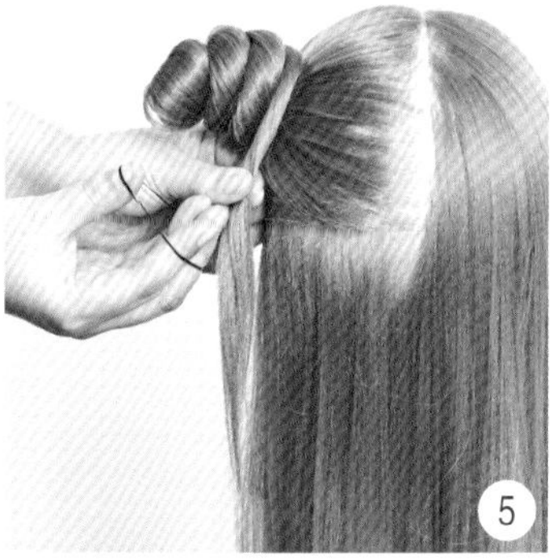

結んだ毛束をねじって輪の周囲を巻いてお団子にする。すべて巻き切らず、毛先を少し伸ばした状態で根元をゴムで結んでとめる。

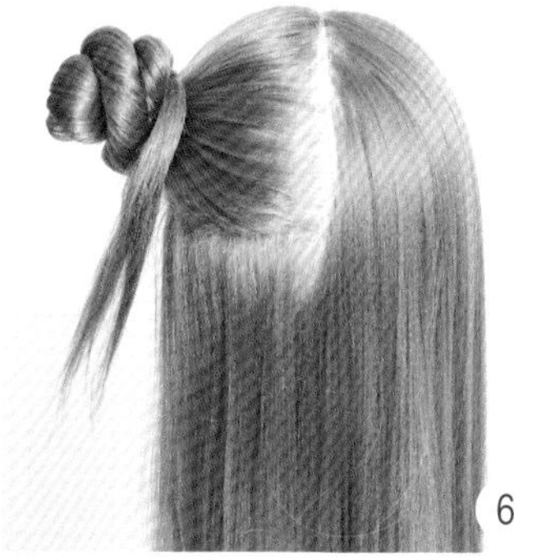

完成。伸ばした毛先がポイントになる。反対側も同様にする。

11
ひとつ結びのお団子

5分

ボブ　**ミディアム　ロング**

▶◀ 用意するもの　ヘアゴム ― 3本

BACK

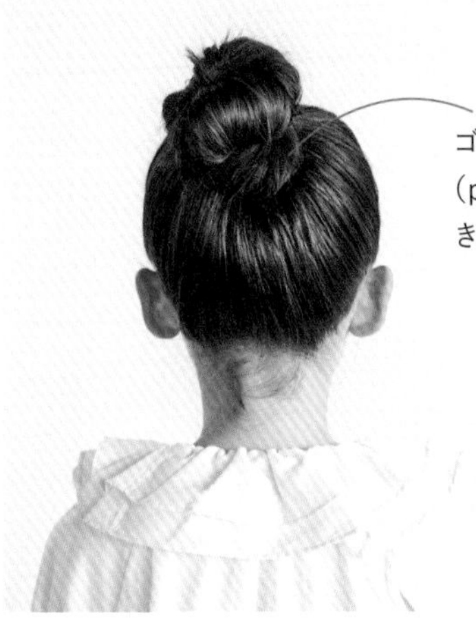

ゴールデンポイント
(p.11)の高さだと
きれいなバランスに

FRONT

すっきりした
顔周りで明るく！
習い事にもぴったり

ポニーテール

1

ゴールデンポイント（**p.11**）でポニーテールにする。ミディアムは結べる高さにする。

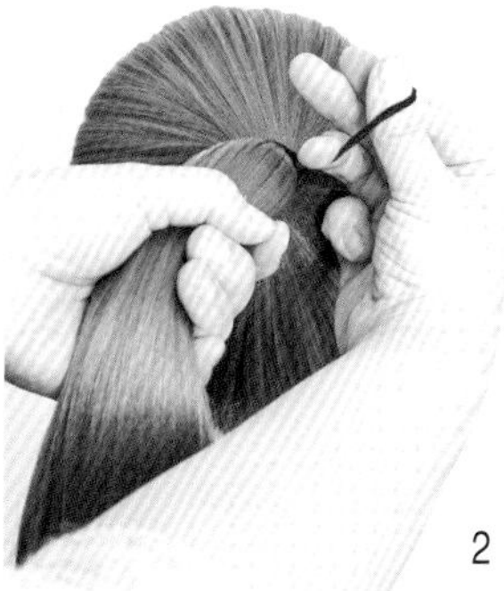

2

さらに上から2本目のゴムで結ぶ。

輪をつくる

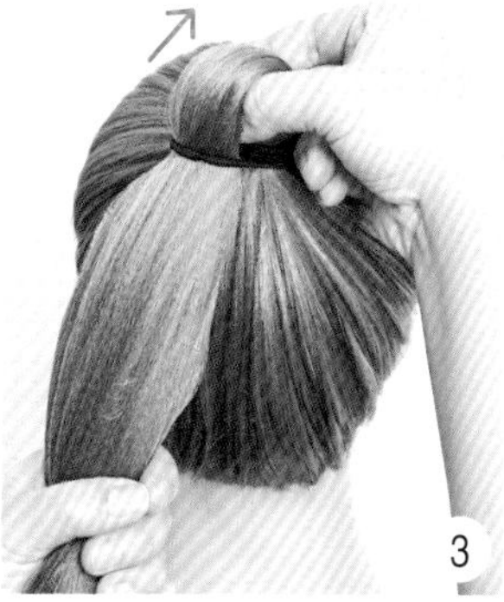

3

数回結んだら、髪をゴムに通して抜き切らずに小さな輪をつくる。

4

その状態でゴムがきつくなるまで結ぶと根元に輪ができる。

お団子

5

続けてお団子をつくる。毛束をねじる。

6

輪の周りにねじった毛束を巻きつける。

7

ねじりながら巻いていく。

8

毛先付近まで巻いたら、ゴムで根元を結んでとめる。

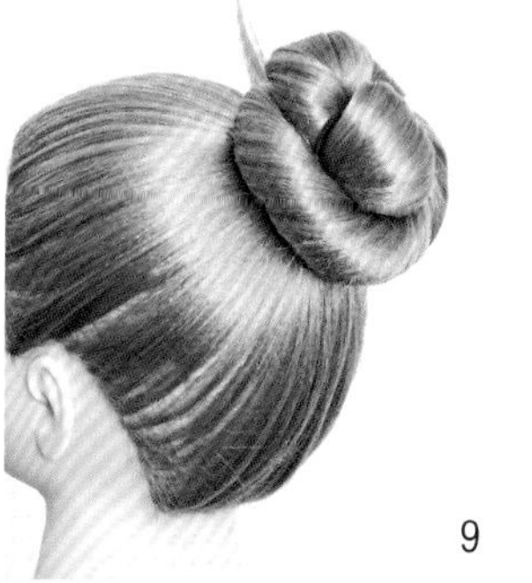

9

飛び出した毛先は、根元に巻きつける。

Finish!

12

カーリーお団子の
ハーフアップ

7分

ボブ　ミディアム　ロング

▶◀ 用意するもの　ヘアゴム ― 2本

BACK

女の子らしい
ハーフアップに
お団子を合わせて
カジュアルに

SIDE

コツが要るものの
ゴムにくぐらせて
お花のような形に

上下に分ける

ゴムに3回通してお団子

Finish!

耳上で上下に分け、1本目のゴムで上側を結んでハーフアップにする。

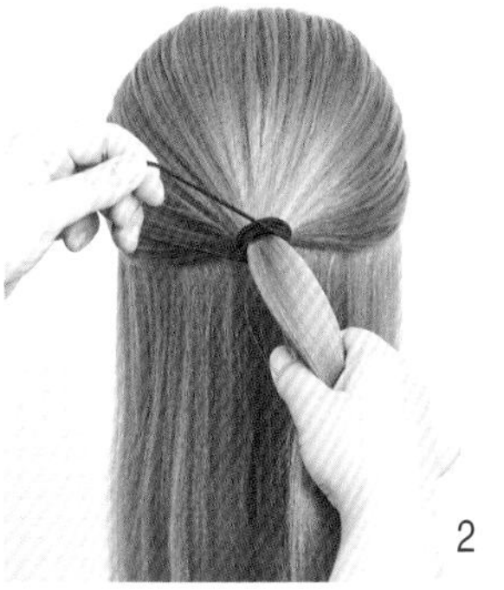

2本目のゴムで同じ位置を結び、残り1回分になるまで結ぶ。

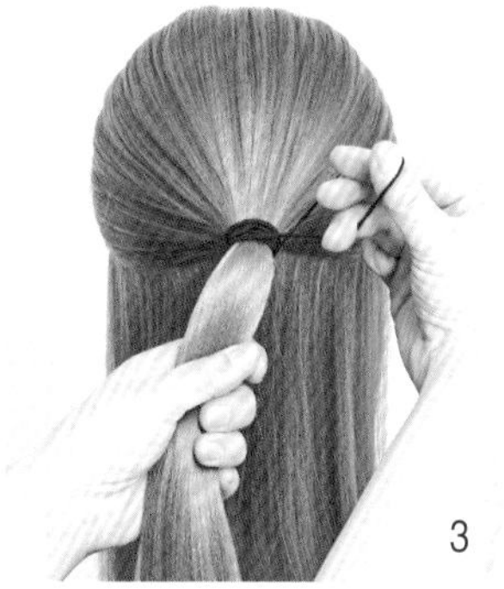

残り1回分になったところ。このゴムに①～③のように通していく。

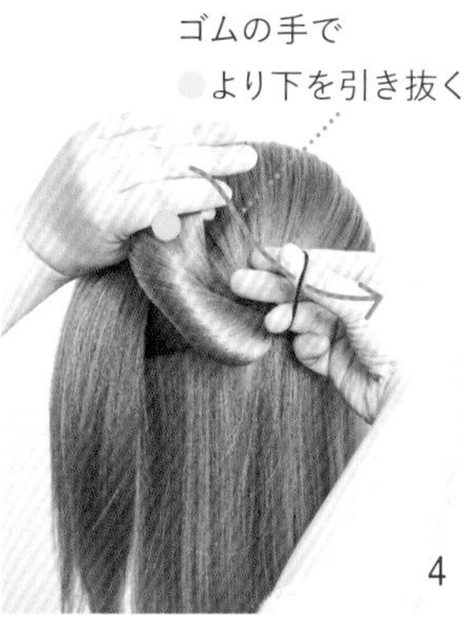

まず、ゴムから5cm程下●を持ち、ねじって回してから、奥から手前に●より下の毛束を通す。

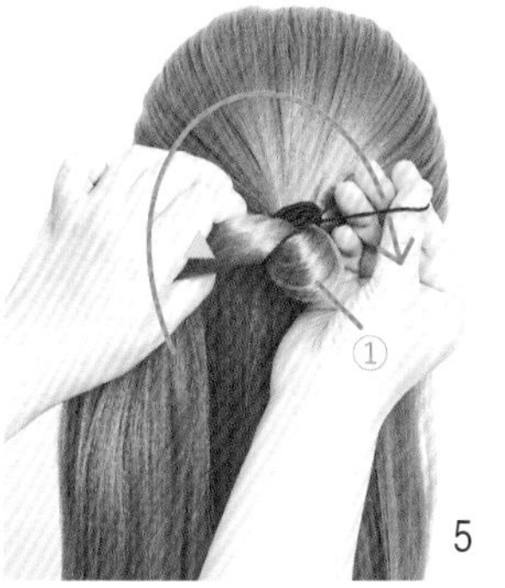

1個目の輪（①）ができる。ゴムを1回ねじる。再び5cm程下▲を持ち、輪をつくるようにして通す。

ゴムの手で▲から下を手前から奥に通しているところ。

2個目の輪（②）ができる。ゴムを1回ねじる。再び5cm程下■を持ち、矢印のように通す。

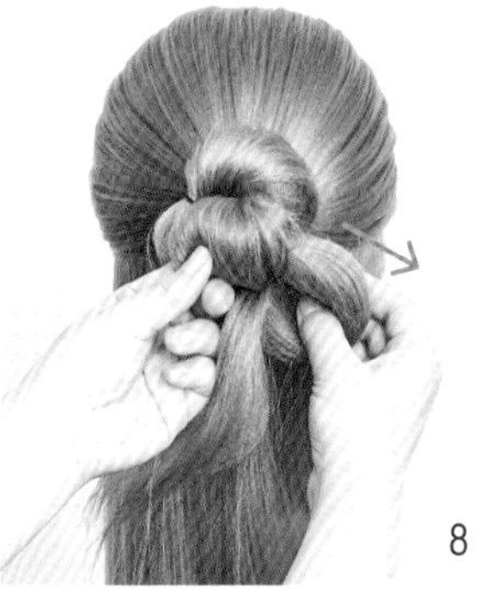

ゴムの手で■から下を手前から奥に通しているところ。

3個目の輪（③）ができる。3個の輪を整える。

Break Time

短い髪や幼児でもできるヘアアレンジ

簡単！ クリップヘア

これからヘアアレンジをいろいろやってみたいけど、まだ結べる程髪が長くない、あるいは幼児のため毛量が少ない—そんな場合、クリップだけでできるアレンジがおすすめです。

▶◀ 用意するもの　ミニクリップ — 8個

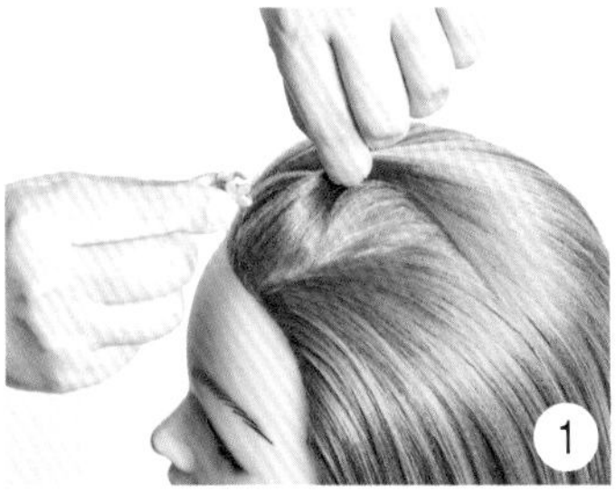

おでこの周りをとめていく。まず、中心の髪をひとつまみする。

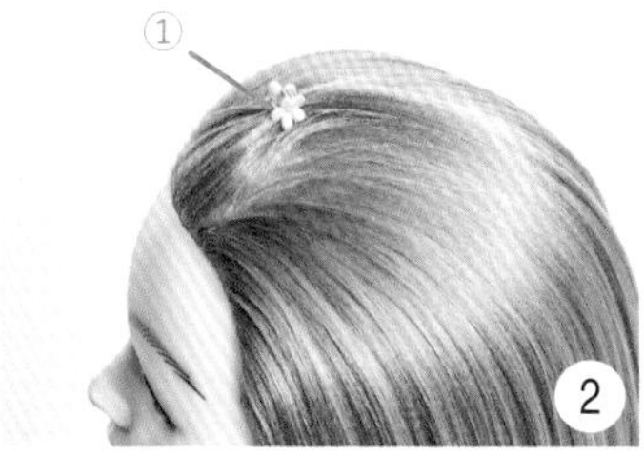

ミニクリップでとめる（①）。

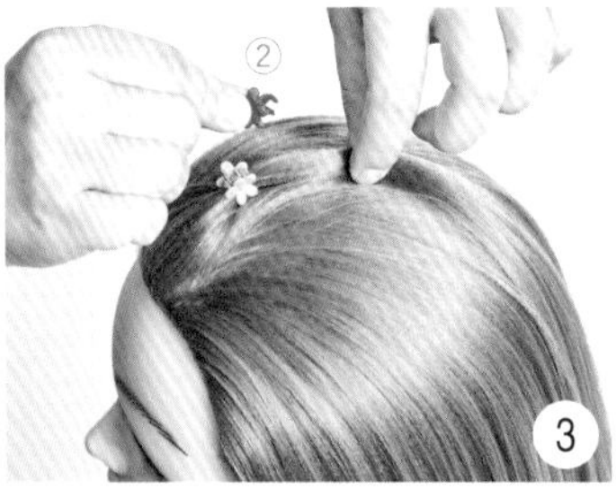

さらに、同じ毛束の奥をクリップでとめる（②）。

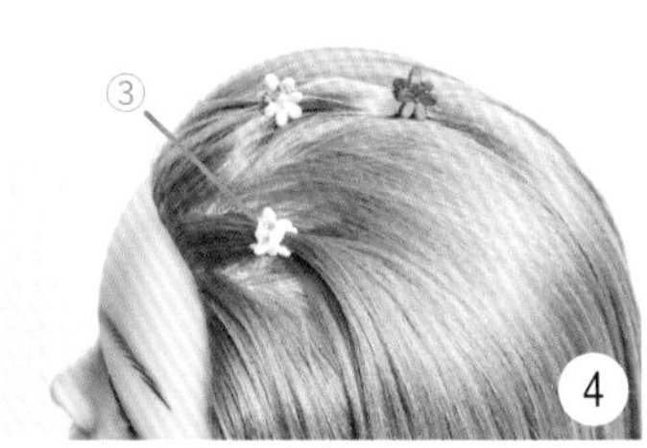

1の隣りの髪をひとつかみし、クリップでとめる（③）。

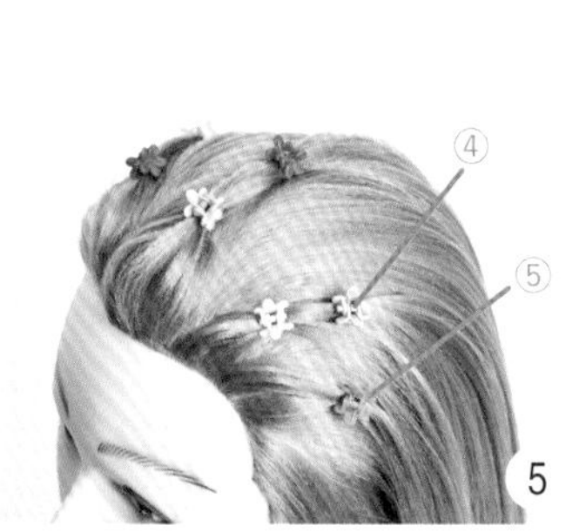

③の奥をとめ（④）、さらに、その隣の毛もとめる（⑤）。反対側も同様にする（⑥〜⑧）

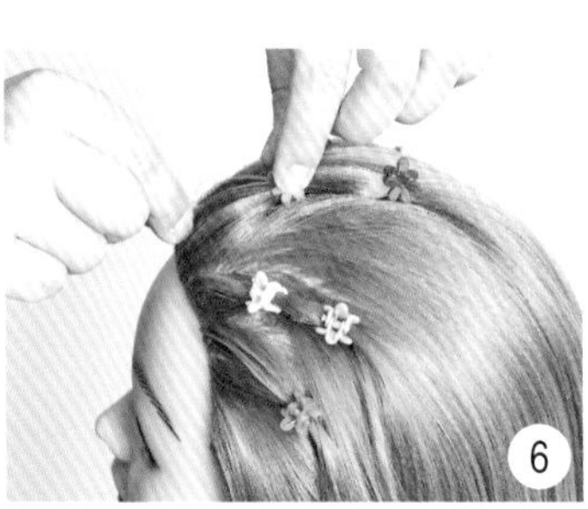

クリップでとめた毛を引き出し、ふっくらさせる。

道具要らず　ウエーブヘアの作り方

52ページの髪型は、写真のように髪がロングの場合、
ウエーブヘアにするとより可愛らしい仕上がりになります。
ウエーブヘアはコテを使わなくてもつくることができます。

1

適当に髪を束にとる。

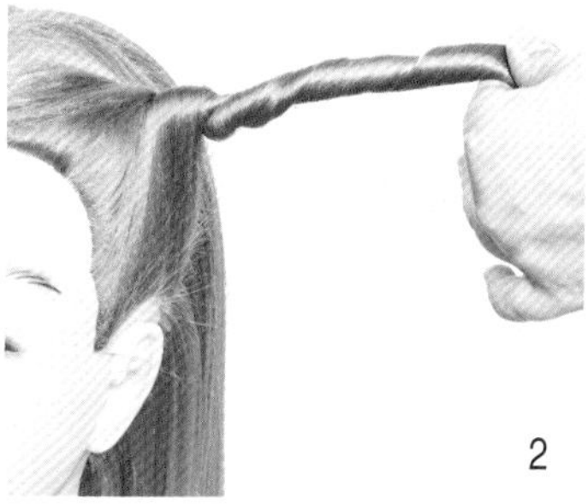

2

お団子の要領で毛束をねじる。

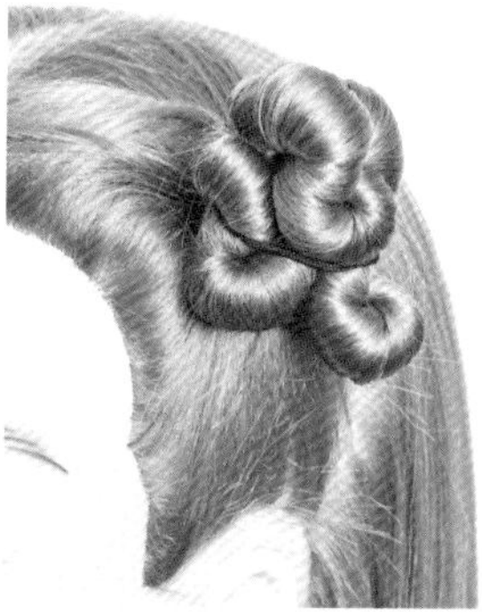

3

続けて、お団子のように巻いてゴムでとめる。これを繰り返し、髪全体をお団子にする。

Advice

前日の夜に巻いて、翌朝に外すとしっかりクセがついています。
後ろ側は邪魔にならない位置で巻きましょう。また、当日にクセをつける場合は、
髪を巻いた後、ドライヤーをあてて、しばらくおいてから外すとよいでしょう。

ふんわりとしたやさしい雰囲気に仕上がるウエーブヘアは、ロングヘアの魅力を引き出すアレンジ。本書では、50、82ページのヘアレンジでウエーブヘアを取り入れています。

Better Homes
and Gardens
Garden Book
Better Homes
and Gardens
Garden Book

Step 2

三つ編みをプラス!
ガーリーアレンジ

三つ編みに代表される「編む」手法を取り入れたヘアアレンジ。ガーリースタイルの王道の髪型で、一度覚えると案外簡単にできます。

難易度

写真のアレンジ … 左／**14**三つ編みのループヘア、右／**15**三つ編みの巻きつけヘア

基本テクニック 5

三つ編み

「耳の前」タイプ

クラシックでガーリーな印象。

「耳の後ろ」タイプ

大人っぽく上品な印象。

三つ編みは耳の前後で変わる!

女の子のヘアアレンジの王道、三つ編みのおさげは編む位置がポイントです。耳の前と耳の後ろの 2 タイプあり、耳の前にあると華やかに見え、耳の後ろにあると大人っぽくなります。位置の違いだけで印象が変わるので、ファッションや気分に合わせて選びましょう。

「耳の前」…目立つリボンで高さを少し変える

「耳の後ろ」…シックなリボンで高さに大きく差をつける

定番ヘアは リボンの使い方に工夫を

三つ編みのおさげとリボンの組み合わせは、可愛らしさを引き立てる定番スタイル。ワンランクアップさせるなら、リボンの高さを左右で変えたアシンメトリースタイルにしてみましょう。リボンの結び方も、下のように巻きつけてから結ぶとより装飾的になります。

Check!

顔からの距離に注意

三つ編みの出来栄えで大事なのが、顔から離れないこと。結ぶ際、顔のすぐ近くで結ぶようにしましょう。

Check!

下まで結ばない

毛先まで結ぶと切れ毛が飛び出てくるので注意。その前にゴムで結びましょう。また、スタイリング剤（**p.7**）を使うと毛が落ち着きます。

「**耳の前**」タイプ

左右に分ける。片方は結ぶか、クリップなどでとめておくと邪魔にならない。

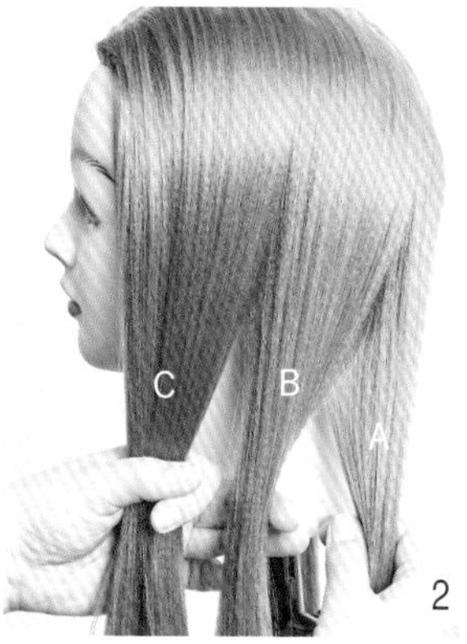

分けた髪をさらに3等分する。

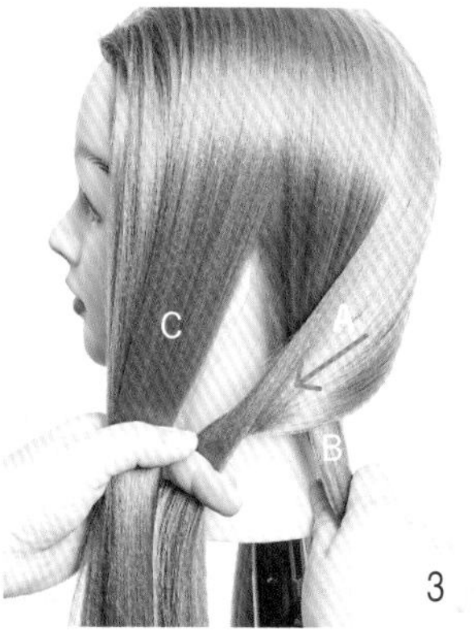

1巡目。右側 A を上から中央に重ねる。

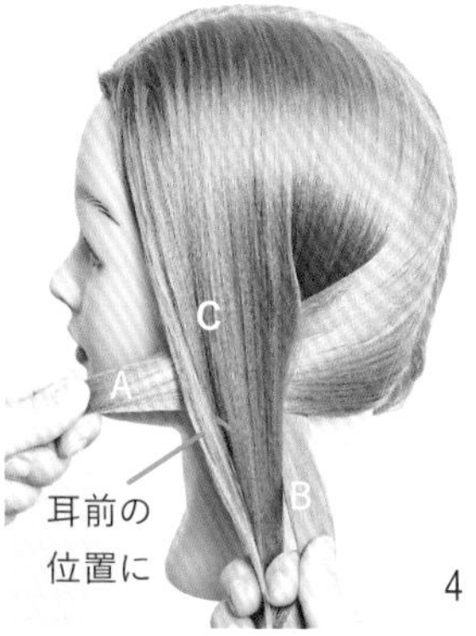

今度は反対の左側 C を上から中央に重ねる。このとき C を耳前の位置にする。

2巡目。耳前の位置で、1巡目と同じ要領で右側 B を上から中央に重ねる。

反対側の左側 A を上から中央に重ねる。3巡目以降も1～2巡目と同じ要領で編む。

切れ毛が飛び出ないくらいの位置まで編み、ゴムで結ぶ

「**耳の後ろ**」タイプ

4で C を耳の後ろの位置に持ってきて、その位置で編んでいく。

耳の前（左）と耳の後ろ（右）。それだけでこんなにも違う三つ編みヘア。アクティブにもシックにもなる万能スタイル。

三つ編みのアレンジヘア

三つ編みのおさげを覚えたら、そこからさらにアレンジを。
物語の主役のような髪型に変わります。

13

三つ編みのお団子

8分

ボブ　**ミディアム　ロング**

用意するもの

ヘアゴム — 4本

飾りの皮ひも — 2本

14

三つ編みのループヘア

8分

ボブ　**ミディアム　ロング**

用意するもの

ヘアゴム — 4本

リボン — 2本

BACK

まるで
リトルプリンセス!
リボンだけでできる
アップスタイル

15
三つ編みの
巻きつけヘア

8分
ボブ　**ミディアム　ロング**

▶◀ 用意するもの
ヘアゴム ― 2本
リボン ― 2本

13 三つ編みのお団子

SIDE

三つ編みを
お団子にしているため、
短い毛も
飛び出にくいのが○

BACK

飾りに巻きつけた
白いひもで
形もしっかりキープ

三つ編みのおさげ

○

1

「耳の後ろ」タイプで三つ編みのおさげ（**p.58**）にし、三つ編みの根元から巻いていく。

×

巻き始め位置は、三つ編みの根元から離れないように。※写真は「耳の後ろ」タイプで低い位置を巻いた例。

お団子

2

中心から外側に向かって最後まで巻く。毛先は飛び出ないように添わせる。

3

ゴムで巻いた根元を結んで固定する。

4

お団子の完成。13は飾りの皮ひもでさらにお団子の上から巻き、根元でリボン結びしている。

Finish!

14 三つ編みのループヘア

SIDE

三つ編みを
輪にした
クラシカルな
テイスト

BACK

後ろに
長く垂らした
リボンで
さらに可愛く

三つ編みのおさげ

1

「耳の後ろ」タイプで三つ編みのおさげ(**p.58**)にする。

輪にする

2

毛先をゴムでとめる。このとき、毛先を輪にしてとめる。

3

三つ編みを前側に折り返し、輪にした毛先を根元に差し込むようにして隠す。

4

根元をゴムで結ぶ。

5

ゴムで結んだところ。三つ編みが輪っかになる

6

ゴムで結んだ根元をリボンで結び、隠す。

Finish!

15 三つ編みの巻きつけヘア

三つ編みのおさげ

1

「耳の後ろ」タイプで三つ編みのおさげ（**p.58**）にする。

2

毛先をゴムでとめる。このとき、毛先を輪にしてとめる。

3

ゴムの上をリボンで1回結ぶ（**p.17**の3）。

巻きつける

4

三つ編みを頭部に添わせる。

写真のように折り返して重ねないようにする。

5

反対側も頭部に添わせ、互いの三つ編みの下に毛先を隠す。

リボンで片側を結ぶ

6

持ってきた反対側の毛先のリボンで2本の三つ編みを結ぶ。

7

2本の三つ編みを頭から浮かないようにしっかり添わせた状態で2回結んで固定する。

8

写真のように、Ⓑタイプ（**p.65**／リボンの渡し方）は続けてリボン結びする。Ⓐタイプは7のままにする。

リボンで反対側を結ぶ

同じ要領で反対側のリボンを結ぶ。三つ編み2本をしっかり頭に添わせる。

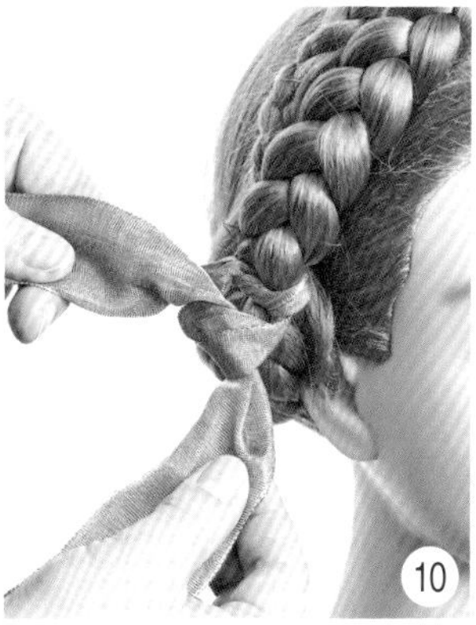

下に隠した毛先のリボンで2回結び、2本を固定する。

続けて、リボンを交差しながら、三つ編みの下にくぐらせていく。

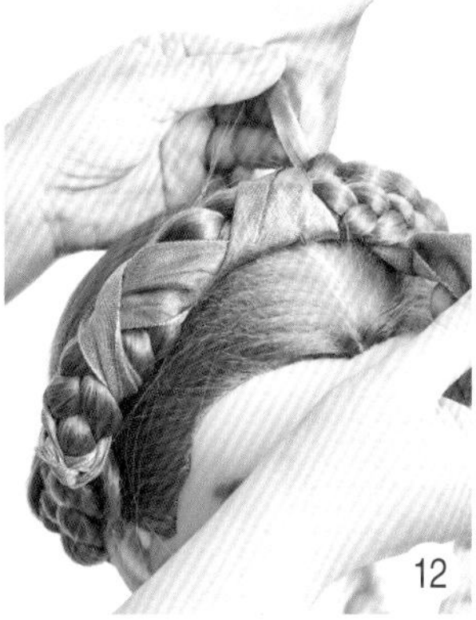

反対側のリボンまで交差しながらくぐらせていく。

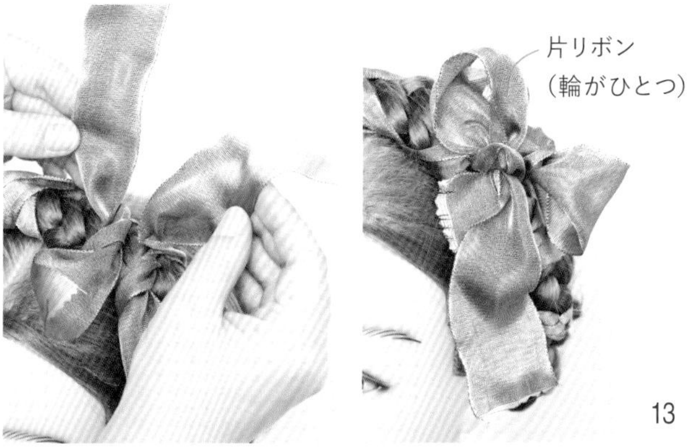

反対側のリボンまできたら2回結び、奥同士、手前同士でリボン結びする。このとき、17ページ、6のリボンの輪を最後まで引き、リボンの輪を一つ（片リボン）にすると、すっきりする。

Finish!

リボンの渡し方

Ⓐ

Ⓑ

Ⓐのように反対側までリボンを渡す以外に、リボンの分量を減らしたい場合や、リボンの長さが短い場合は、Ⓑのように左右それぞれでリボン結びする。

三つ編みが短い場合

三つ編みが反対側に届かない場合は、一方の毛先から反対側の毛先へとリボンを巻きつけて2本をつなぐ。

16

ロープ編み

7分

ボブ　**ミディアム　ロング**

▶◀ 用意するもの　ヘアゴム ― 3本　飾りのミニクリップ ― 6個

SIDE

ロープ編みは
三つ編より簡単！
クリップで飾って
キュートに

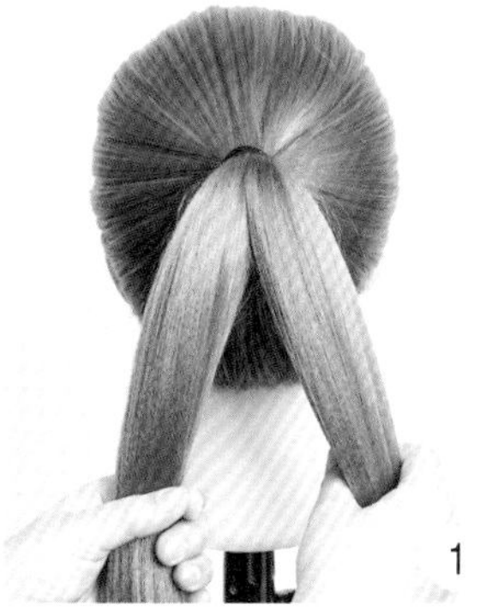

1 ポニーテール（**p.12**）にし、二つに分ける。

ポニーテール
↓
ロープ編み
↓
Finish!

2 さらに2等分し、中間くらいの位置で指先にかける。

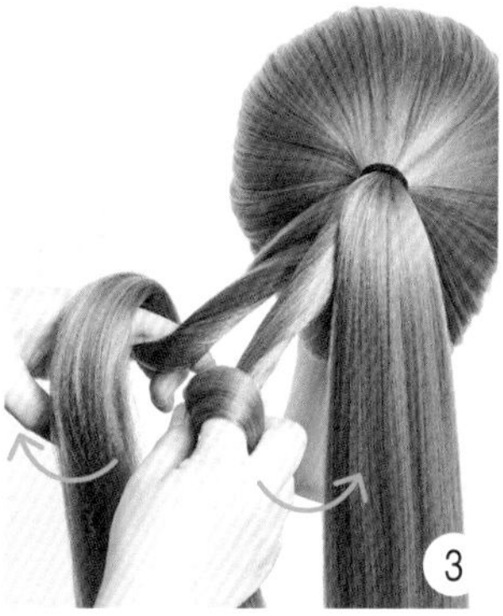

3 指先を外から内に回して、ねじっていく。

4 毛先近くまでねじったら、2本を交差させる。

5 さらに撚り合わせていく。

6 毛先近くまで撚り合わせたら、ゴムで結んで2本をまとめる。

7 反対側の毛束も同様にする。

17

フィッシュボーン

7分

ボブ　**ミディアム　ロング**

▶◀ 用意するもの　ヘアゴム ― 4本　飾りゴム ― 4本

SIDE

BACK

元気なイメージに
飾りゴムで
可愛らしさもプラス

二つ結び

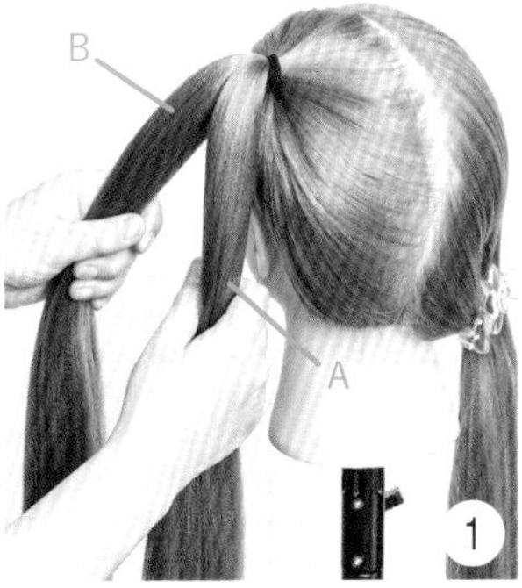

高めの位置で二つ結びし、毛束をさらに A、B に 2 等分する。

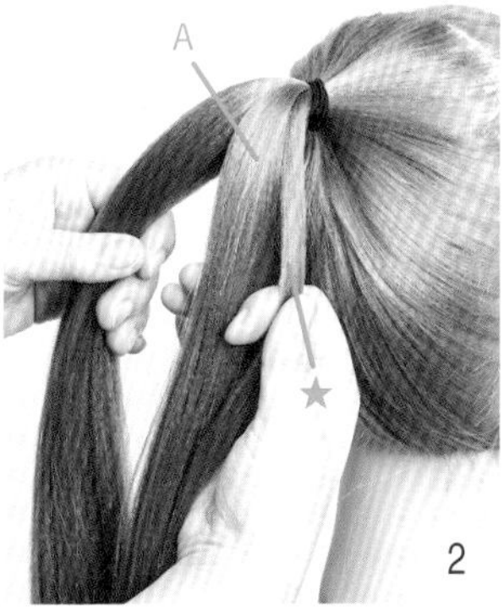

1 巡目。右の A の右端から 1/5 程とる（★）。

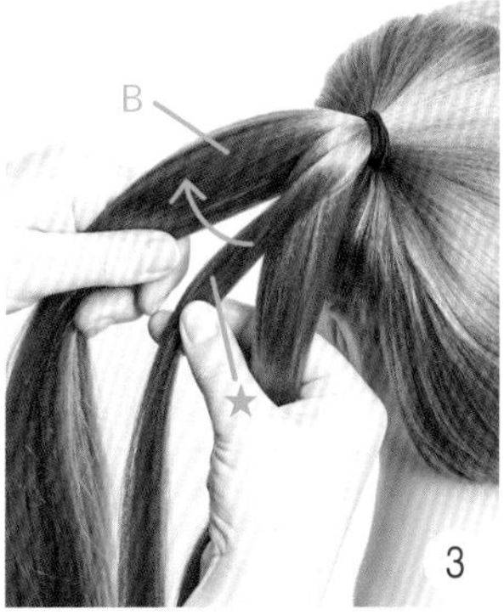

★を左の B に足す。

フィッシュボーン

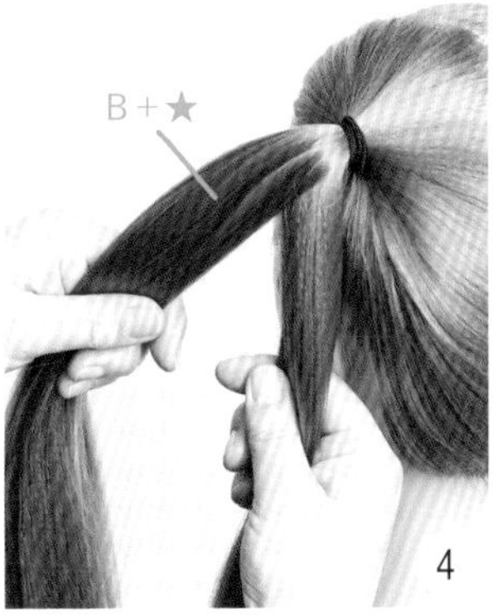

B に足したところ。

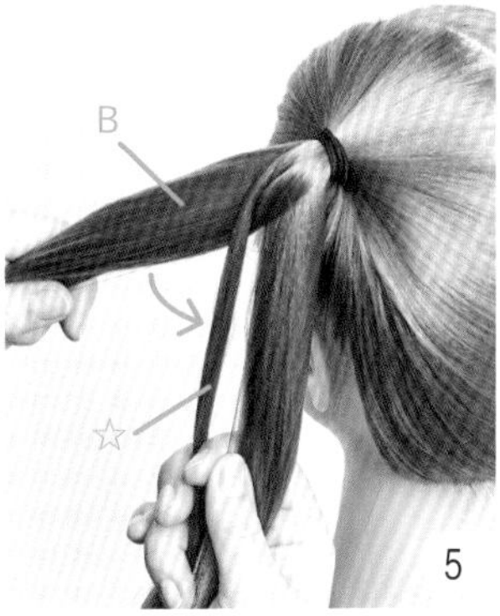

今度は、左の B の左端から 1/5 程とり（☆）、A に足す。

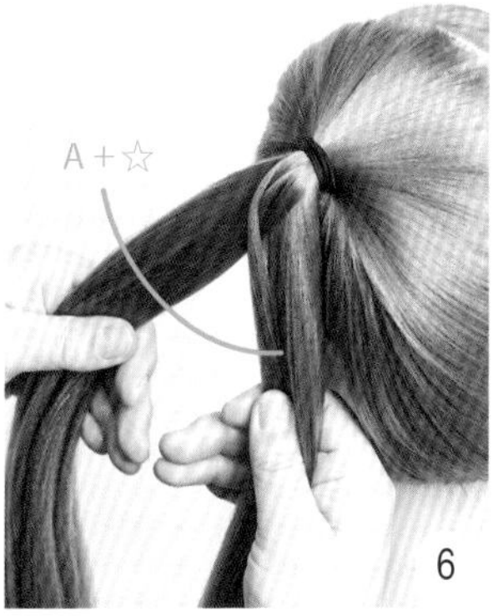

A に足したところ。

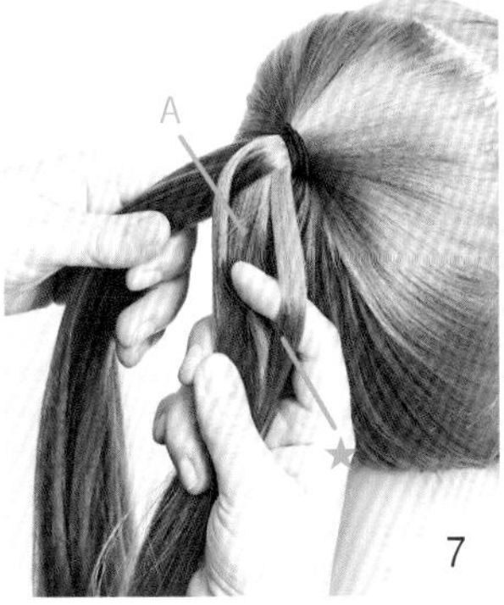

2 巡目。1 巡目と同様にする。A の右端から 1/5 程とる（★）。

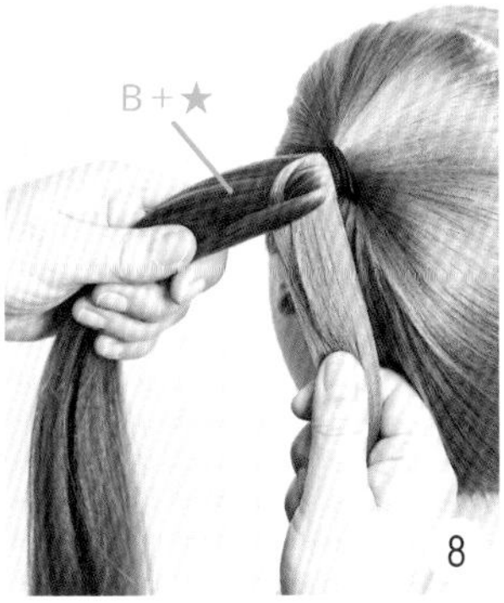

★を左の B に足す。

左の B の左端からも 1/5 程とり（☆）、A に足す。以降も A と B に毛束を交互に足し、毛先をゴムで結んで完成。

Finish!

18

リボン入り四つ編み

10分

ボブ　**ミディアム　ロング**

▶◀ 用意するもの　ヘアゴム ― 2本　リボン ― 1本（1m）

よそゆきにもぴったり。一緒に編み込んだリボンが特別感を演出。

SIDE

編み込んだリボンが
センターになるように
編むのがコツ

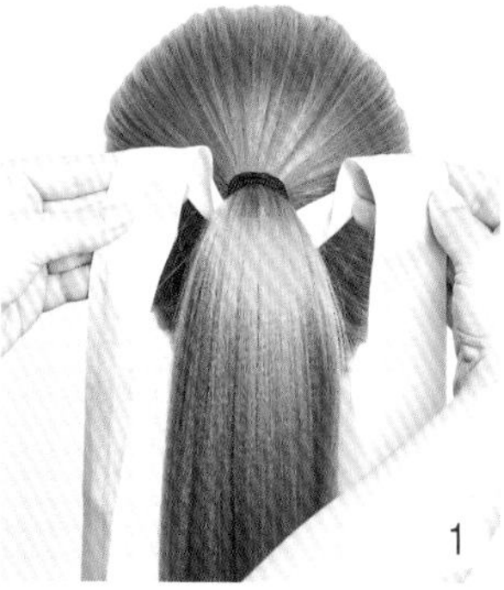

ポニーテール（**p.12**）にし、ゴムの上をリボンで結ぶ。

リボン結びしたところ。

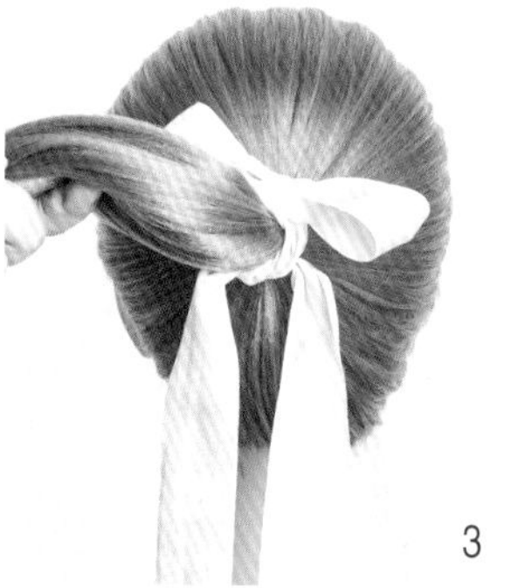

ポニーテールの下側で、リボンの両端を1回結ぶ（**p.17**の3）。

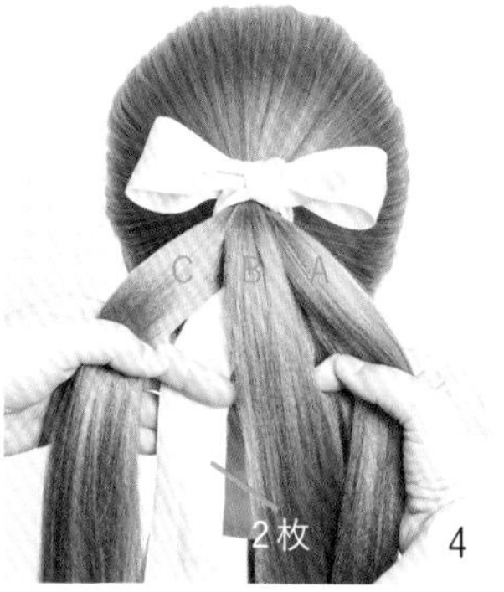

毛束を3分割し、2枚を重ねたリボンを左から2番目にする。

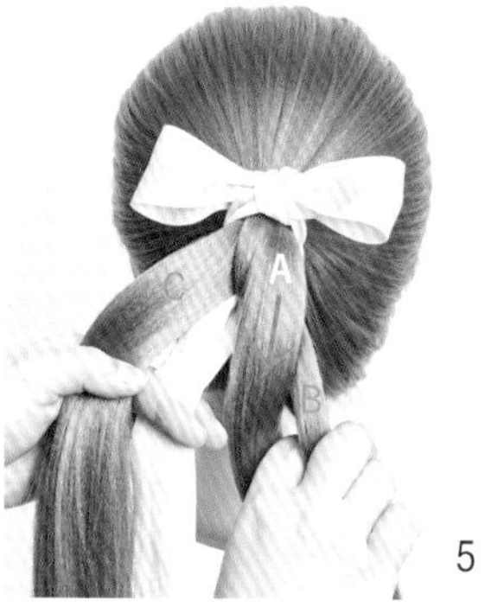

1巡目。右端Aを上から重ね、右から2番目にしてスタートする。

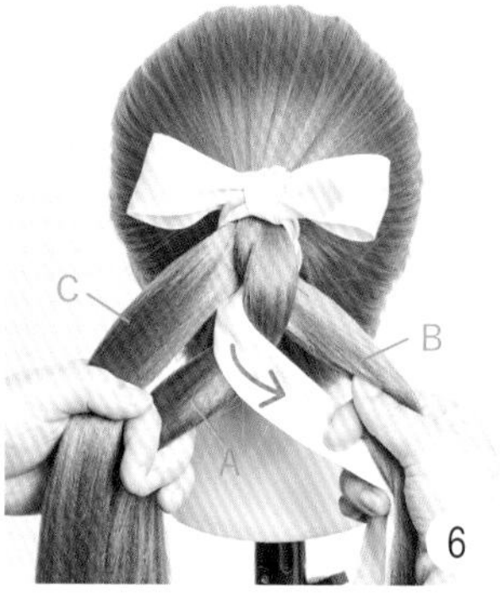

リボンを上から重ね、右から2番目にする。

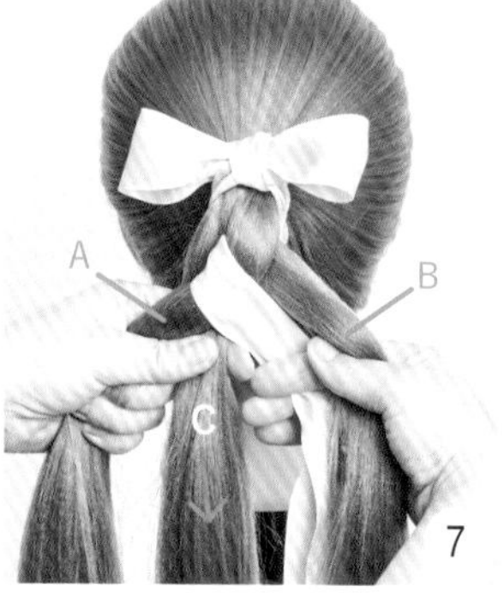

左端CをAの下から重ね、左から2番目にする。

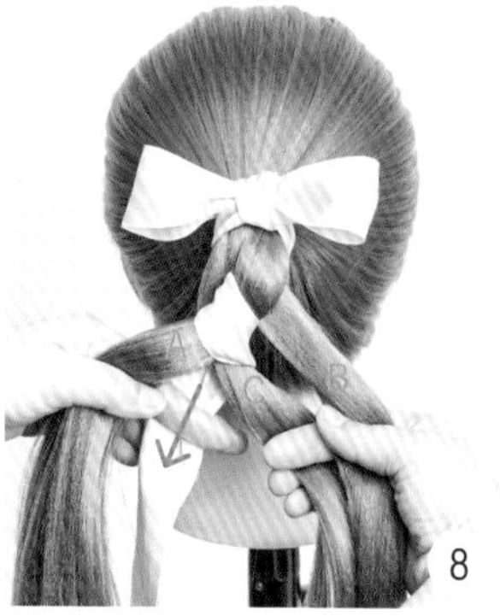

リボンをCの下から重ね、左から2番目にする。

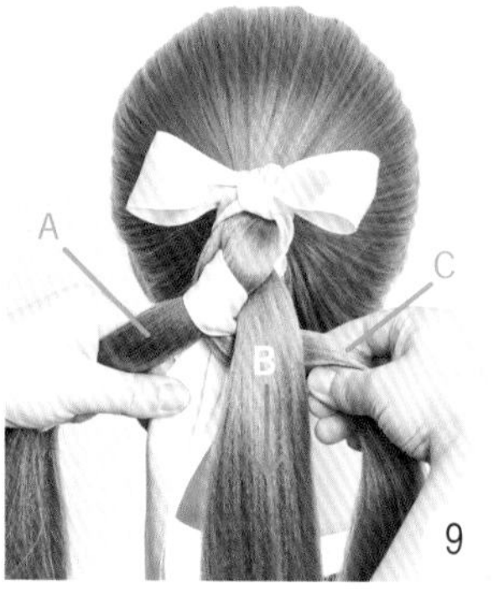

2巡目。1巡目と同じ要領で編む。右端Bを上から重ね、右から2番目にしてスタートする。

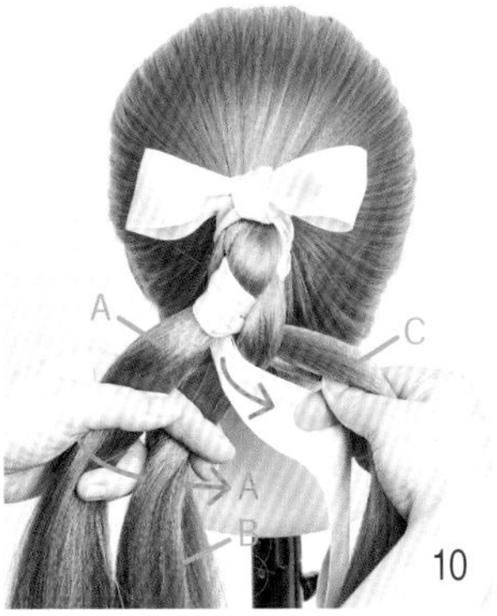

10

リボンを上から重ね、右から2番目にする。左端Aを下から重ね、左から2番目にする。

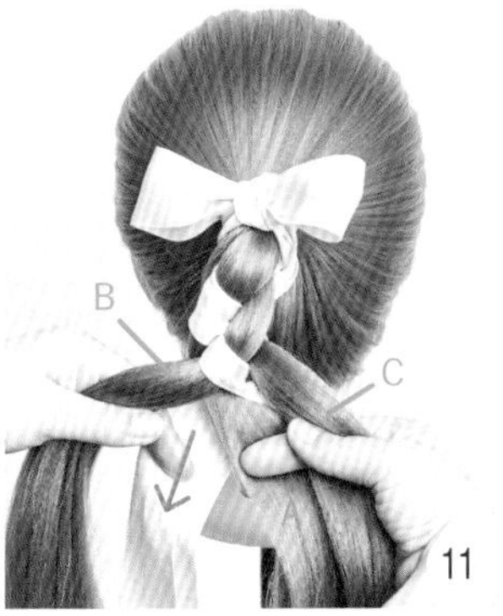

11

リボンを下から重ね、左から2番目にする。

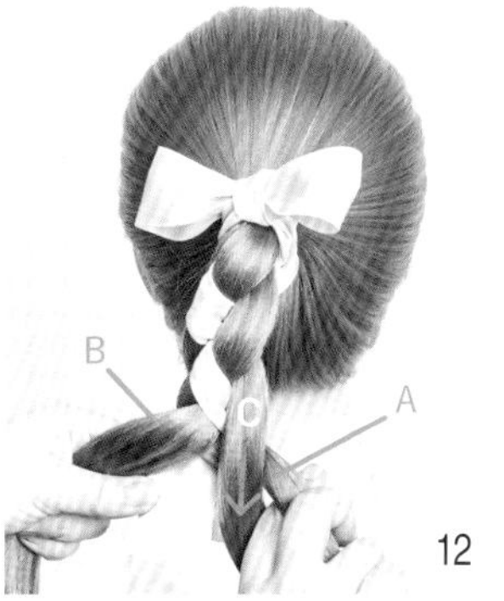

12

3巡目。1巡目と同じ要領で編む。右端Cを上から重ね、右から2番目にしてスタートする。

13

リボンを上から重ねる。続けて、1巡目と同じ要領(7〜8)で編む。

14

4巡目。2〜3巡目と同様に、1巡目と同じ要領(5〜8)で編む。

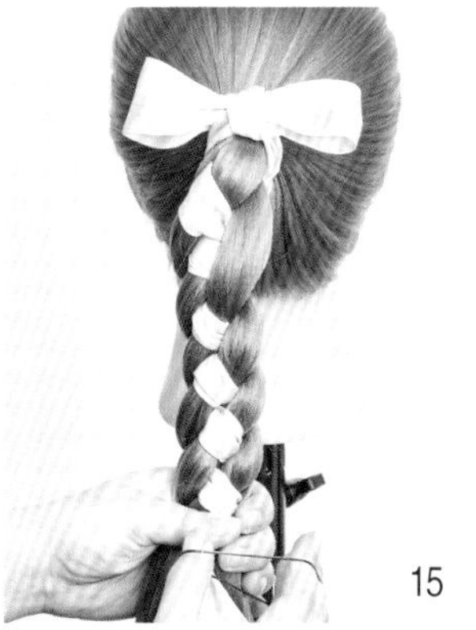

15

以降も同じ要領で、リボンが中心になるように編み、毛先をゴムで結んでまとめる。

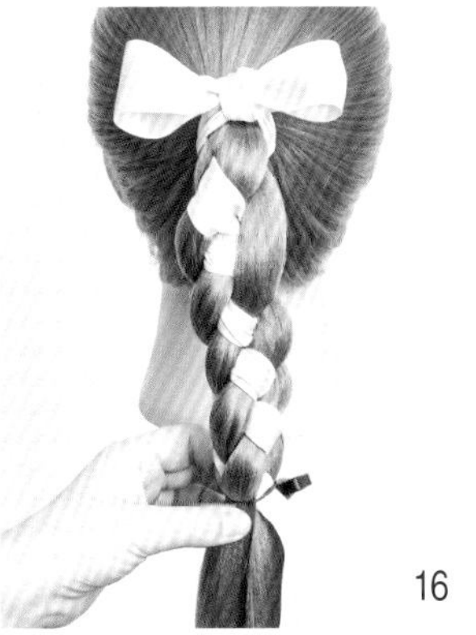

16

ゴムで結んだところ。

17

ゴムを隠すように片方を一周させ、リボン結びする。

Finish!

Step 3

特別な日に！ 編み込みや ミックスアレンジ

誕生日や発表会など特別な日を彩る
華やかなヘアアレンジ。
編み込みヘアやStep1や2のテクニックを
組み合わせてできる髪型です。

難易度 ～

写真のアレンジ … 左／**24**三つ編みのうさぎヘア、右／**23**お団子と三つ編みのツインテール

基本テクニック 6

編み込み

表編み×中心側

ハートのような形の表編み。
中心側で編むとスタイリッシュ。

裏編み×生え際側

ハートが逆さになったような裏編み。
生え際側で編むとガーリー。

奥が深い！ 編み込みワールド

毛束を引き込むように編む、編み込みはどんなシーンでも引き立つ、そんな魅力があります。編み方は大きく分けて表編みと裏編みがあり、裏編みはより立体的に見えます。さらに編む位置でも印象が変わり、髪が短くても部分的に取り入れることができるため、ぜひ覚えたい技法です。

表編み×中心側

裏編み×生え際側

表編み×中心側

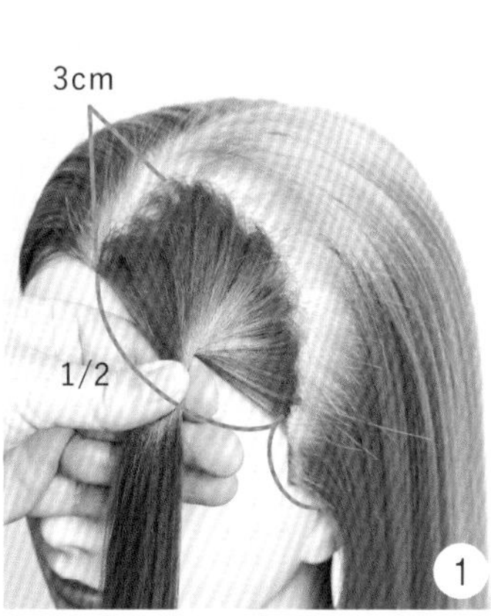

左右に分ける。分け目は 3cm 位の位置から、サイドは前中心〜耳の 1/2の位置で毛束をとる。

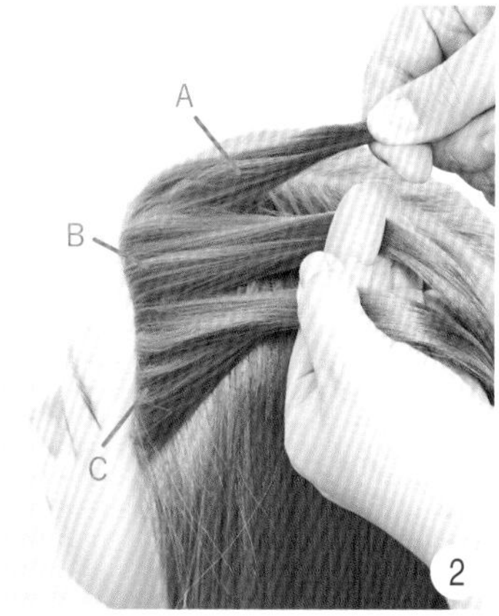

とった毛束を 3 等分する。

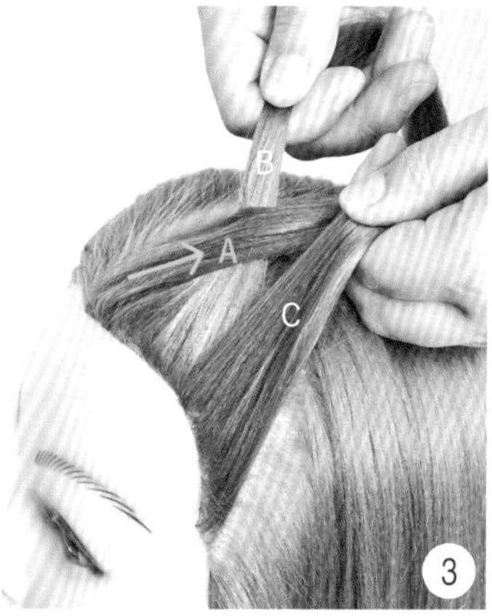

1 巡目。右側 A を上から中央に重ねる。このとき、左右に分けたブロックの中心で編むようにする。

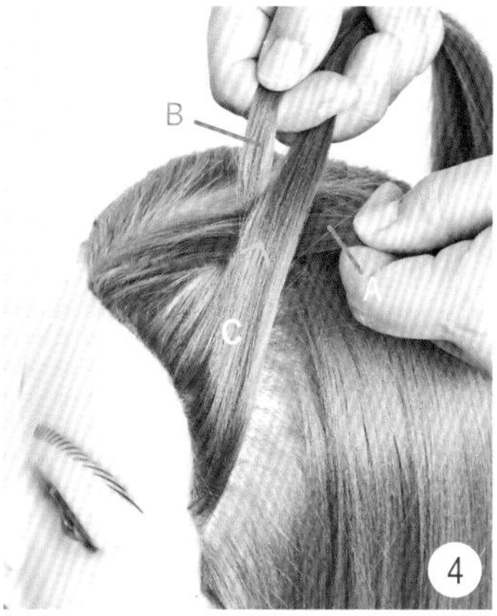

今度は、反対の左側 C を上から中央に重ねる。

2 巡目。右側 B を上から中央に重ねる。

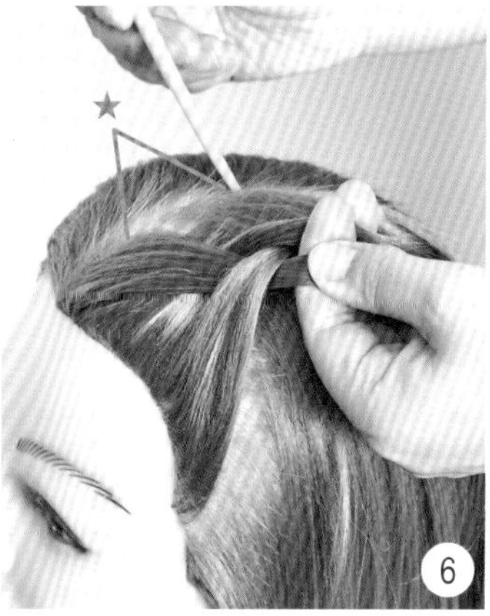

右から 3cm 程毛束★をとる。

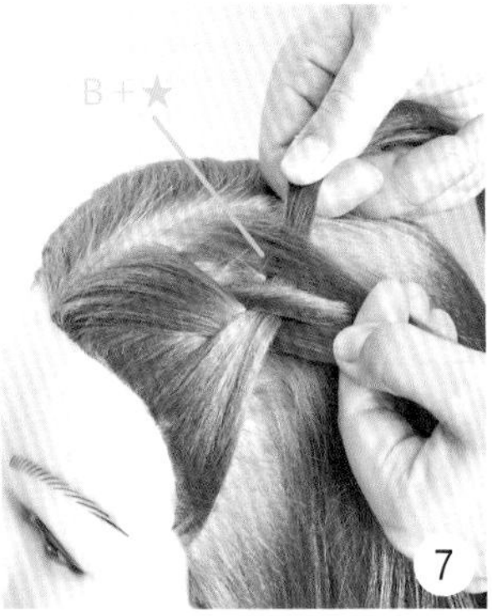

★を中央の B に足す。

今度は、反対の左側 A を上から中央に重ね、続けて左で耳上 1/2 の毛束☆をとる。

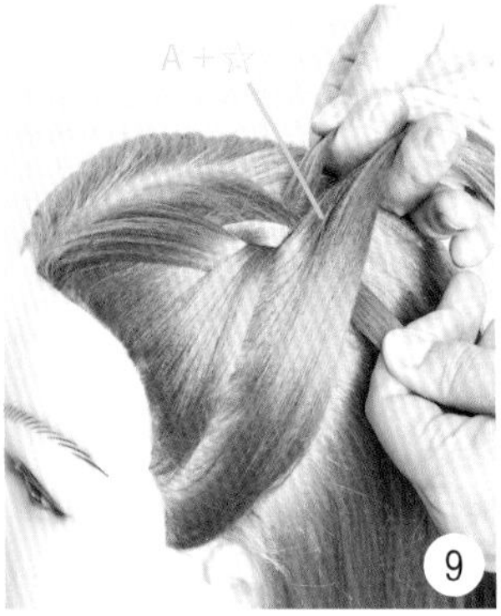

☆を中央の A に足す。

3巡目。2巡目と同じ要領で、右側 C を中央にしたら、2巡目と同じ幅で右から毛束★をとって C に足す。反対側も同様にする。

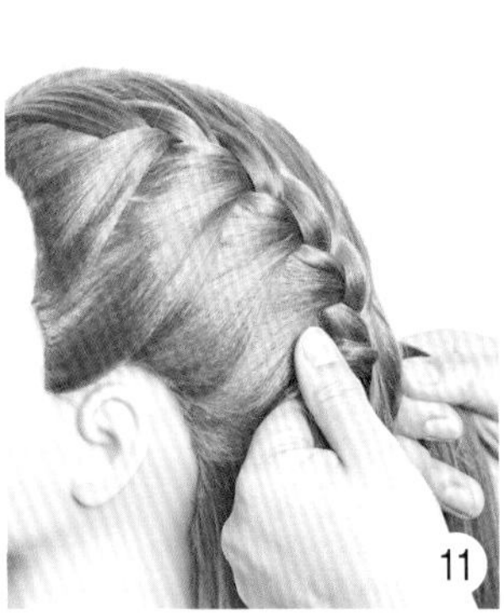

2巡目の要領で、以降も右側と左側を交互に中央にしては毛束を足して編んでいく。

頭部の髪をすべて編み込みしたら、以降は三つ編みをして毛先を結ぶ。

裏編み×生え際側

※頭部の編み込み後の三つ編みは下から重ねる。

1巡目は表編みと同様に編む。

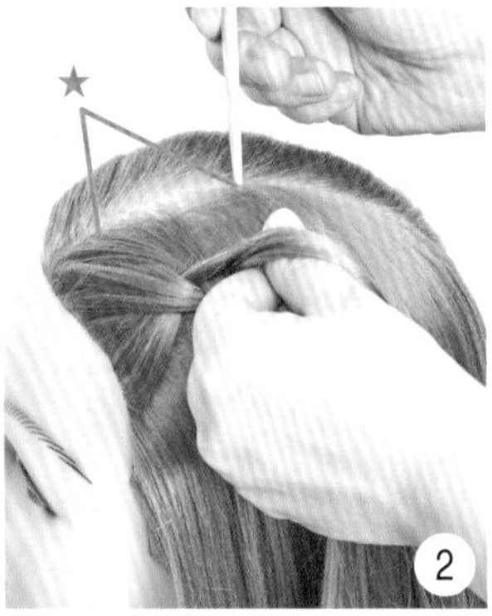

2巡目。先に右から 3cm 程毛束★をとる。

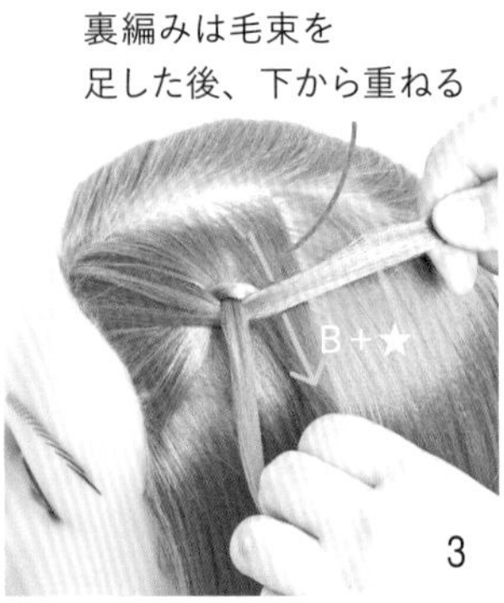

★を右側の B に足した後、下から中央に重ねる。反対側も、先に左から 1/2 の毛束☆をとり、左に足した後、下から中央に重ねる。生え際に沿って繰り返す。

三つ編みの形状が異なる裏編み（左）と表編み（右）。立体的な裏編みは、写真のように生え際に編むのがおすすめ。

19

編み込みの アップヘア

15分

ボブ　**ミディアム　ロング**

▶◀ 用意するもの　ヘアゴム — 2本　リボン — 2本

FRONT

ピンの代わりに
飾りも兼ねた
リボンでアップヘアに

表編みの編み込み

リボンでまとめる

「表編み×中心側」の編み込みのおさげにし、毛先を輪にしてゴムでとめる。

耳下辺りの編み込みにリボンを通す。

リボンを半分まで通す。毛先側を内側にして、反対側の三つ編み部分を輪にする。

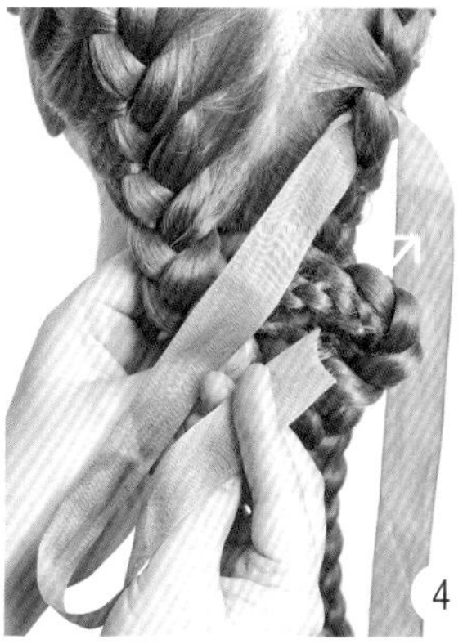

リボンを輪の中に通す。

編み込みと三つ編みの輪に通したリボンで2回結ぶ（**p.17**の3を2回）。

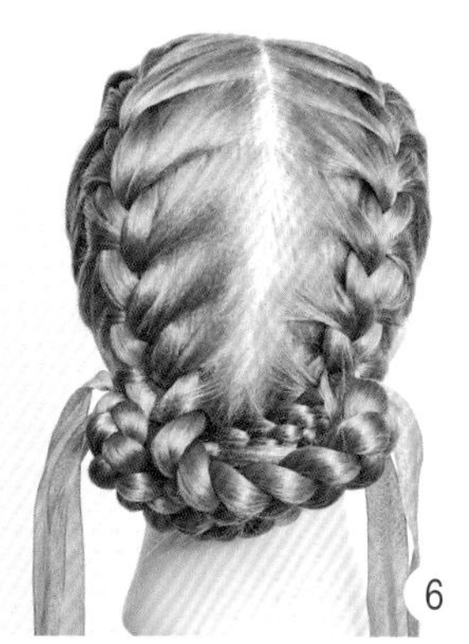

反対側も同様にする。それぞれのリボンをリボン結びする。

Finish!

20

片編み込みのハーフアップ

🕐 10分

ボブ　**ミディアム　ロング**

▶◀ 用意するもの　ヘアゴム ― 3本　リボン ― 1本

FRONT

女の子らしい
ハーフアップが
編み込みで
さらに魅力的に

BACK

ウエーブヘア（**p.53**）に
すれば
ワンランクアップ！

片編み込み

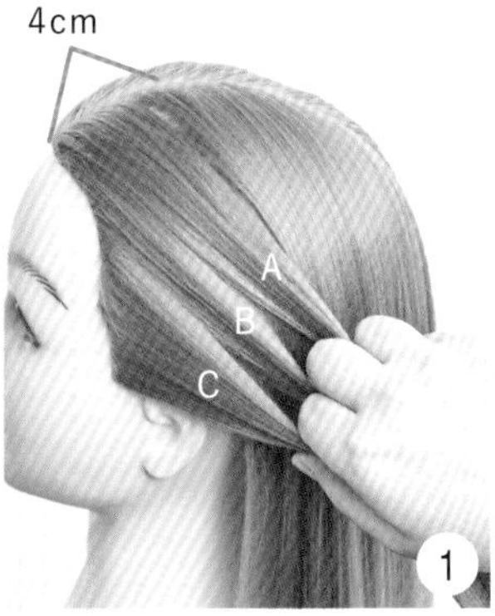

頭頂部の髪を左右に分け、トップは前中心から 4cm の程位置、サイドは耳上で髪をとる。

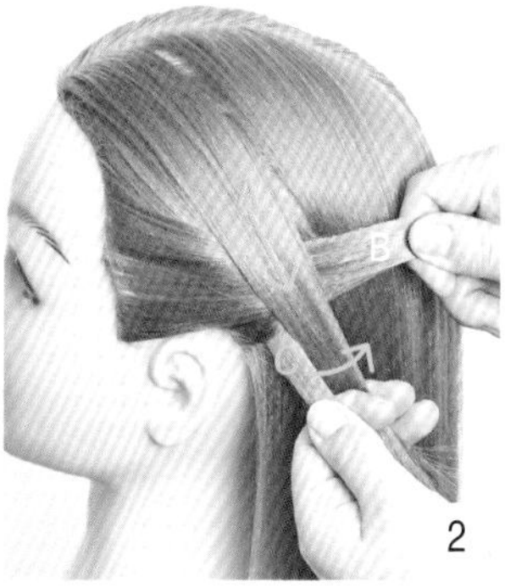

1 巡目。三つ編み（**p.58**）をする。上側 A を上から中央に重ね、次に下側 C を上から中央に重ねる。

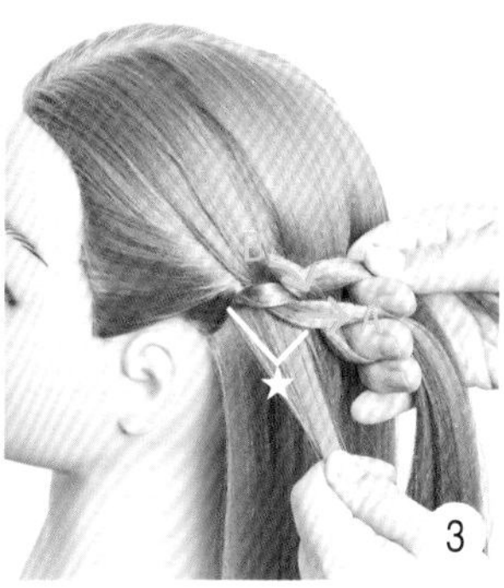

2 巡目。上側 B を上から中央に重ね、次に下側 A を上から中央に重ねる。ここで、A の下側で同じ幅の毛束★をとる。

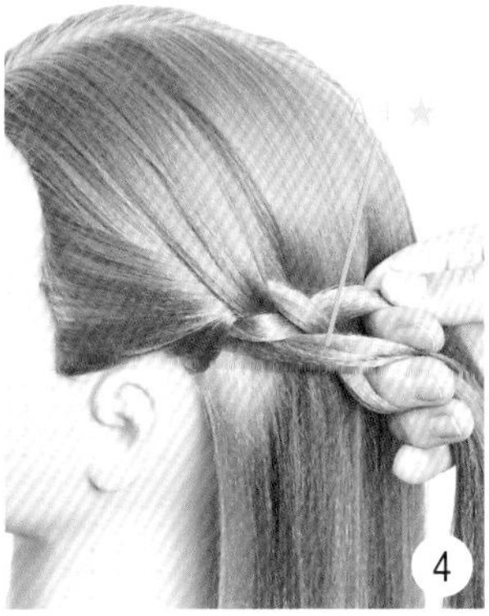

★を中央の A に足す。片編み込みは片側の毛束（20 は下側）だけを足していく。

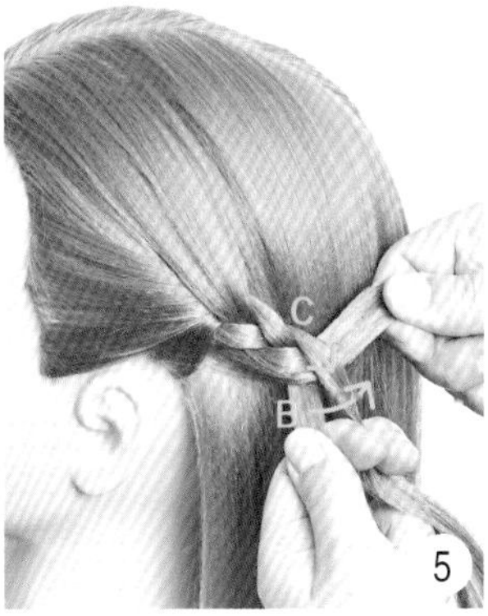

3 巡目以降は 2 巡目と同じ要領で編む。上側 C を中央に重ね、次に下側 B を中央に重ねる。

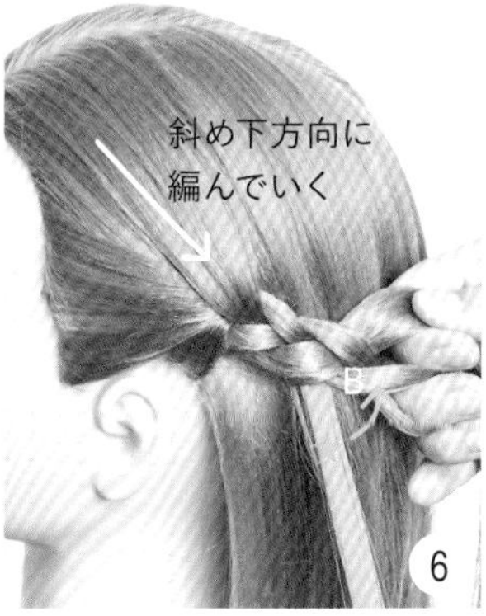

B の下側で同じ幅の毛束★をとり、中央の B に足す。以降も同じ要領で編み、後ろ中心まで編んだらゴムで結ぶ。反対側も同じように編み、ゴムで結んでひとつにする。

Finish!

21

ロープ編みの
ループお団子

10分

ボブ　**ミディアム　ロング**

用意するもの　ヘアゴム ― 6本　リボン ― 2本

後ろから見ても可愛い、ロープ編みを輪にしたまとめヘア。お気に入りのリボンをつけたら特別な一日のはじまり。

BACK

1本だけ伸ばした
ラフなリボン結びが
可憐な印象

FRONT

三つ編みより
簡単なロープ編みで
できるお団子スタイル

髪を分ける

「ピシ」タイプ（**p.29**）で左右に分ける。

さらに、耳上の位置で上下に分ける。

ロープ編み

上のブロックを2等分し、ロープ編み（**p.67**）をする。

毛先をゴムで結ぶ。

下のブロックを1本でねじる。

上下のブロックの毛束を交差させる。

続けて、交差させながら撚り合わせていく。

下まで撚り合わせていく。

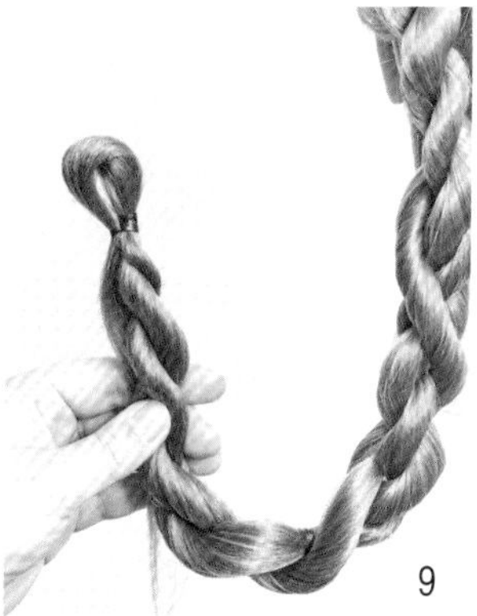

2本をゴムで結ぶ。このとき、毛先を輪にしてとめる。

お団子

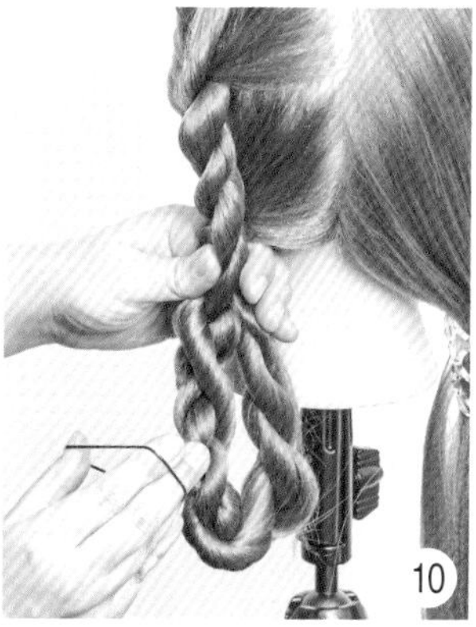

毛先を内側にして輪にし、重ねた根元をゴムで結ぶ。

写真のように長い場合は、さらに半分に折って、ゴムでとめる。

Finish!

リボンの結び方

ダブルリボン結びし、2本めのリボンを片リボン（p.65 ／ 13）にして、端を長く伸ばす。

22

編み込みと三つ編みのダブルヘア

10分

ボブ　**ミディアム　ロング**

▶◀ 用意するもの　ヘアゴム ― 3本　飾りの皮ひも ― 1本

23

お団子と三つ編みのツインテール

15分

ボブ　**ミディアム**　**ロング**

▶◀ 用意するもの　ヘアゴム — 12本（内飾りゴム — 6本）

22 編み込みと三つ編みのダブルヘア

SIDE

編み込みと
三つ編みの
ミックススタイル

FRONT

ちらりと見える
2つの三つ編みが
ポップ！

上下で編む

Finish!

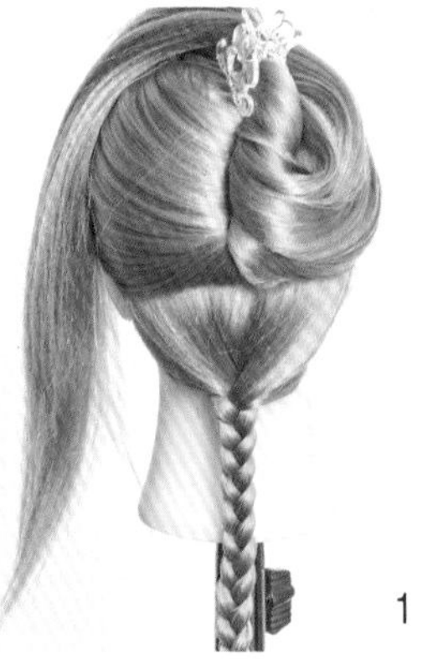
1

耳上の位置で上下に分け、下を三つ編み（p.58）し、ゴムで結ぶ（22は2本のゴムで結ぶ）。

2

上は、表編みの編み込みにする。丸い半円の形に毛束をとる。

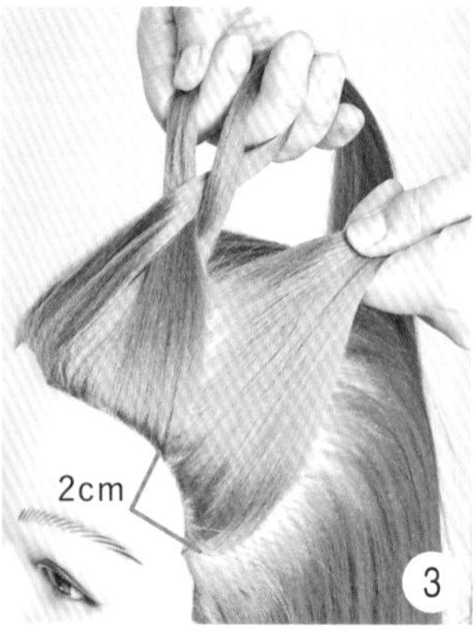
2cm
3

表編みの編み込み（p.77）で編む。足していく毛束は2cm程の幅でとる。ゴムで結んだ後、ひもを巻きつけて結ぶ。

23 お団子と三つ編みのツインテール

BACK

難しそうに見えて
実はシンプル！
三つ編みのお団子

SIDE

複数本でとめた
飾りゴムが
アクセントに

三つ編みしてお団子

Finish!

1

「ピシ」タイプ（**p.28**）で左右に分けて結び、さらに2分割して三つ編み（**p.58**）し、ゴム（23は飾りゴム3本）で結ぶ。

2

後ろ側の三つ編みを前側の三つ編みの根元に巻きつけてお団子にする。

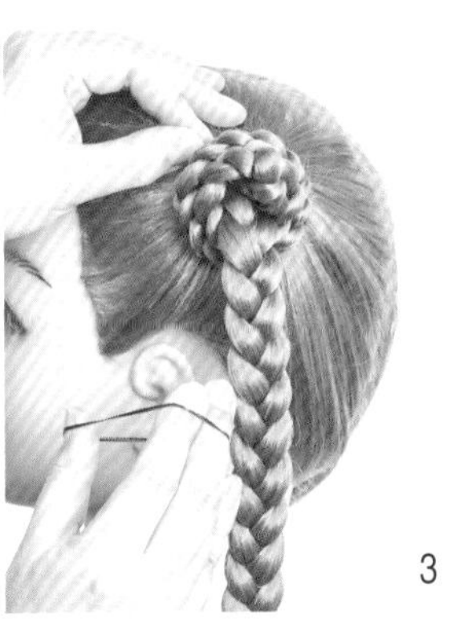

3

お団子の根元をゴムで結んで固定する。

24

三つ編みの
うさぎヘア

15分

ボブ　**ミディアム**　**ロング**

▶◀ 用意するもの　ヘアゴム ― 16～18本

BACK

うさぎのような
“耳”がアクセント！
長さを短くすれば
クマにもなる

二つに分ける

1
「ピシ」タイプ（**p.29**）で左右に分ける。

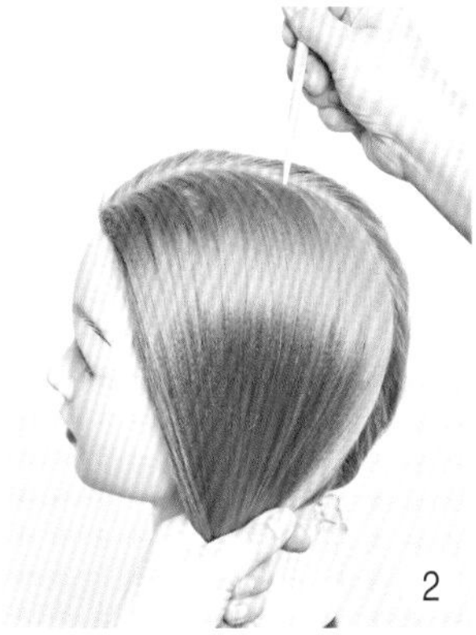

2
耳の後ろの位置で、さらに前後に分ける。

三つ編みで耳をつくる

3
前のブロックを耳の延長上でゴムで結ぶ。

4
結んだ毛束を2分割し、それぞれ三つ編み（**p.58**）し、ゴムで結ぶ。三つ編みは後でほどくため、半分の長さでもよい。

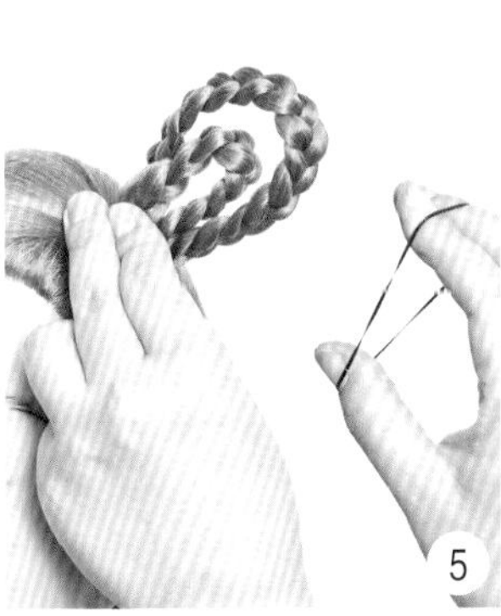

5
2本の三つ編みの内側を小さく、外側を大きくして輪にし、2本の根元をゴムでひとつに結んで固定する。

6
ゴムで結んだところ。“耳”ができる

ゴムの下の毛をすべてほどく。

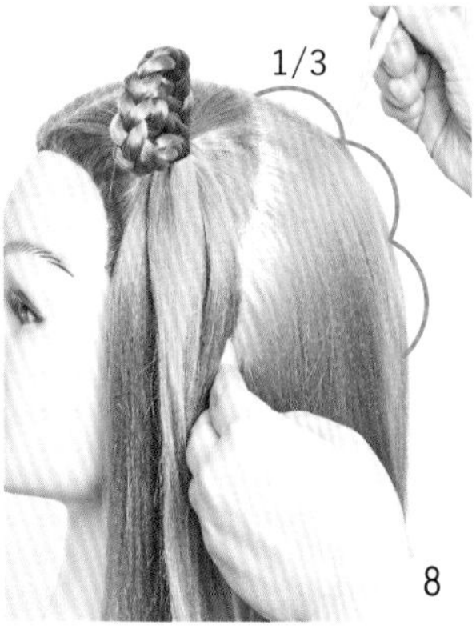

後ろのブロック（境界〜襟足）の1/3の位置にコームをあてる。

サイドに向かってカーブするように分けたところ。

分けた毛束と7でほぐした毛を一緒にする。

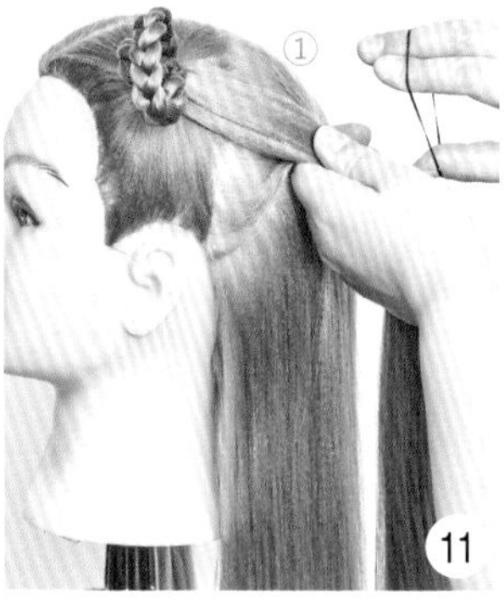

ブロックの中心でゴムで結ぶ（①）。

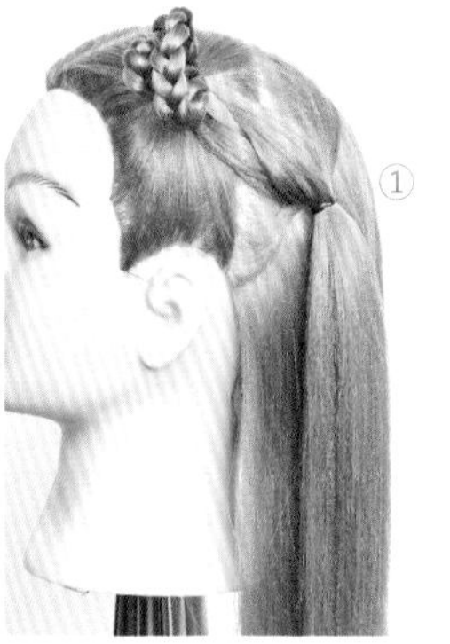

ゴムで結んだところ。浮かないよう根元で結ぶ。

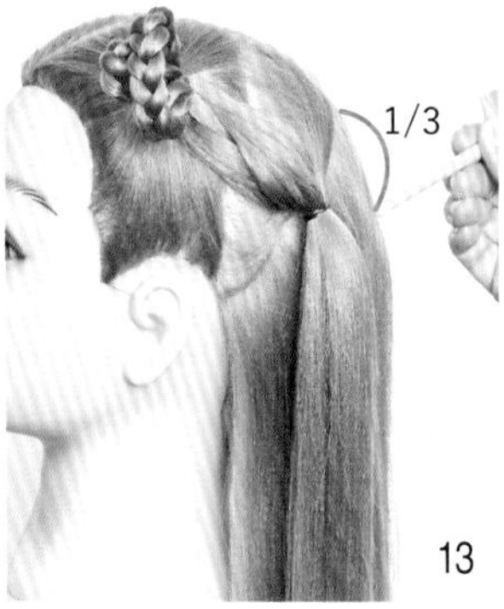

再び次の1/3の毛束をとる。

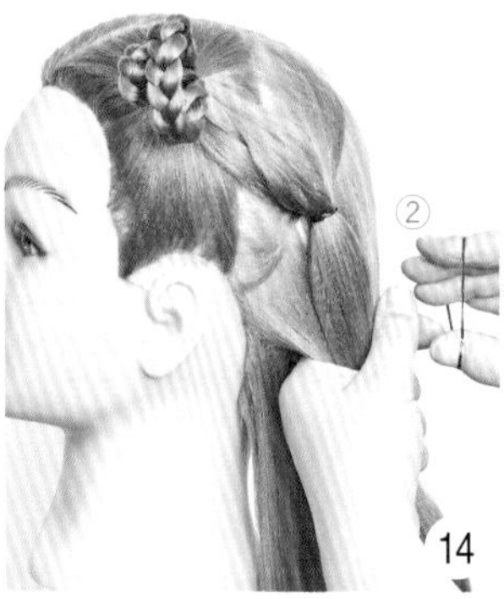

12で結んだ①と一緒にゴムで結ぶ（②）。

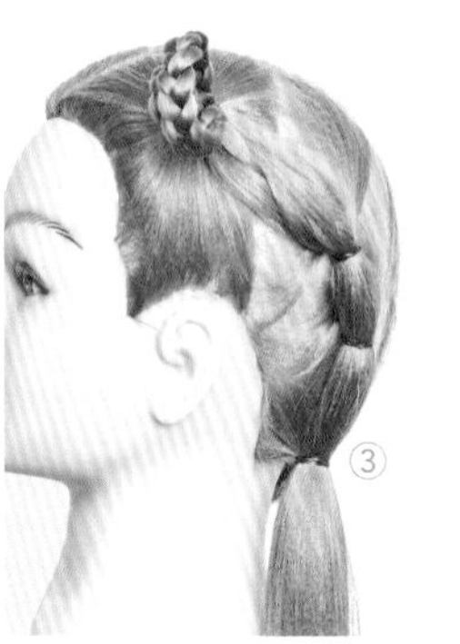

残りの1/3も同様に結ぶ（③）。下ろした毛は、等分してゴムでボンボン結びにする（**p.31**）。

私が幼い頃、母は洋裁をしていました。いつも洋服を作るための布と一緒にリボンも買っていたので、家にはリボンボックスがありました。そして毎朝、服に合うように私の髪を結い、リボンを替えてくれるのが日常でした。母は自分を可愛くウキウキした気分にしてくれる、まるで魔法使いのようでした。
そんな私の原点が重なるこのような機会をいただきました。毎日忙しくて時間がなくても少しの工夫で可愛いは作れるし、ヘアアレンジが子どもたちとの楽しい時間になるよう、少しでもお手伝いが出来たらと心から願い、素敵な方々にご協力いただいて作った本になります。
子どもも大人も、キラキラした毎日を過ごせますように。

KOMAKI

Special Thanks!

撮影　山口 明
スタイリング　前田かおり
モデル　山中カレン、山中レイラ
ブックデザイン　塚田佳奈（ME&MIRACO）

印刷　シナノ書籍印刷

ヘア＆メイクアップアーティスト

KOMAKI

東京都生まれ。2003年日本美容専門学校卒業後、ヘアサロン勤務を経て橘房図氏に師事。2010年独立。雑誌・広告・カタログ、ミュージシャンのヘアメイクなど幅広い分野で活動する。幼少期に母の影響を受け、アンティークから現代まで国内外のリボンを収集中。

www.komakikomaki.com
Instagram @komaki10

撮影協力
◯ AWABEES
◯ toi toi toi! http://toitoitoi.net
p.8, p.14, p.30, p.32, p.34, p.56

「ヘアゴム」だけ！

女の子のヘアアレンジ

2023年3月31日　初版第1刷発行

著者　KOMAKI
発行者　澤井聖一
発行所　株式会社エクスナレッジ
〒106-0032　東京都港区六本木7-2-26
https://www.xknowledge.co.jp

問合わせ先
[編集]
TEL 03-3403-6796　FAX 03-3403-0582
info@xknowledge.co.jp
[販売]
FAX 03-3403-1829